「明るさ」「おだやかさ」「自立心」が育つ

自己肯定感が高まる声かけ

熱海康太 Kota Atsumi

CCCメディアハウス

はじめに

本書は、声かけによって、**お子さんと一緒に、親御さんの自己肯定感まで上げてしまう**本です。その方法はシンプルです。

紹介している声かけを実践する。

それだけです。本書は、自己肯定感に詳しい謎の指導者「寅ちゃん」と、小学生の2児の母である「鈴ちゃん」の会話でストーリーが進んでいきます。

「自己肯定感が大切というけれど、それが何か、結局よくわからない」、「自己肯定感を身につける方法がわからない」という悩みを教育現場ではよく聞きます。そんな方にもおわかりいただけるよう、楽しくやさしく解説しました。そのうえで、お子さんの気持ちを受け止めて成長を助ける声かけを集めています。

声をかけられたお子さんは、自発的に行動を変えたくなります。行動が変われば、思考も変わります。それだけではありません。声をかけた親御さん本人の思考も変わります。声かけの声を最初に聴くのは自分自身だからです。

私は、公立小学校や私立小学校で十数年間教師をしてきました。

近年、スマホの普及で子どもを取り巻く環境が激的に変化したと感じています。LINEグループでのいじめや、SNSでのマウント合戦が深刻化しており、これらの問題にも自己肯定感は無縁ではありません。ただ、せっかく便利なテクノロジーが発展したこんな時代だからこそ、**自己肯定感さえしっかりと持つことができれば、誰もがしあわせに暮らしていける**と言えます。

自己肯定感は、自分ではコントロールできないような社会や他人の問題ではありません。むしろ、自分の気の持ちよう、心の問題です。ですから、その気さえあれば、この瞬間からでも、自力でしあわせに向かっていくことができるのです。さあ、ページをめくって、そのための一歩を踏み出してください。

目次

第4章 感情力——気持ちをコントロールする力

第1章

自己肯定感とは何か

レッスン1

「不安はすぐに解消できるのよ」
――自信が持てない親御さんへ

私は、鈴《すず》。10歳の長男、翔《かける》と、8歳の長女、凜《りん》の子育てに追われる2児の母です。子どもたちは2人とも、大きな病気もなく、元気に育ってくれています。でも、やっぱり、心配は尽きないものです。

たとえば、「翔は、授業参観で1回も手を挙げていなかったなぁ」とか、「凜はスーパーでお友だちに会ったときに、お友だちは親しく話してくれているのに私の後ろに隠れてしまって……」と、こんな感じです。

2人とも、どこか自分に自信がないようです。自分に自信を持つことを自己肯定感って、言うんだっけ。それが低いみたい。このまま成長していって、大丈夫かな。

……ちょっと心配です。私だって、すごく自分に自信があるわけではないから……。

……

ドッシーン!!

いたたたた……。

うぅ、いてて。ごめんなさい。考えごとをしていたら、ぶつかってしまいました。うわ、大きいですね。

ちょっとあなた、大きいとは失礼ね。それより、あなた私が見えるの？

ごめんなさい。え？　普通に見えますけど。

やった！　ついに会えたわ！　私は、あなたのお子ちゃんの自己肯定感を上げて、

あなたの自己肯定感も上げて、しあわせに導くために来たの。簡単に言うと、私、死にかけてるらしいの。まだ死んではいないはず。確信はないけど。でも、14人の子どもを残していくのは、死んでも死にきれないから、神様的な人にお願いしたの。そしたら、「もしお前が、自己肯定感が低くて、困っている親子を助けたら、あの世送りを考え直してやってもいい」ってことになってね。

え、あの、その……。ちょっと、何言ってるかわからないです。

私の名前は、寅ちゃんよ！　私こう見えても、長年、教師をやってたし、自己肯定感をアゲる達人なのよ。ちなみに、私の姿や声は、あなたにしか聞こえてないからね。

へー、そうなんですね。じゃあ、私は忙しいので、これで！　さようならっ！

ちょっと、待ちなさい！　急に驚かせて悪かったけど、あなたも子どもちゃんも、

自己肯定感が低いんでしょ⁉

誰か助けてください！　大きな人に絡まれて困ってます！
え、「誰もいないでしょ」って⁉　こんな大きな人がいるじゃないですか！

あなた以外には見えないって言ったでしょ。幽霊的なアレよ。

こ、こういうときは、とにかく警察ね！　……110、もしもし、警察ですか。
え？「事件ですか、事故ですか？」って、もちろん事件ですよ！

事件じゃないわよ。〝自己〟よ。すべては自己肯定感の問題よ。

……もしもし、助けてください。大きい人が、わけわからないことを言ってるんです！　……ええ、人通りの多いところです。幽霊的なアレらしいです。ええ、幽霊はいるわけないんですが、幽霊的なアレというだけに妙にリアルなんです！　えっ、い

や違っ、いたずらじゃなくて……。えっ、もしもし、もしもしっ！

心配しなくても平気よ。私はこの世とあの世の境から、あなたとあなたのお子ちゃんの自己肯定感をアゲに来ただけなのよ。

これは夢……、きっとそうだ……。

ちょっと、しっかりしなさいよ。ちゃんと私を見て！　あなたは私の声が聞こえるし、姿が見える。周りの人は見えていない。それがいまある現実でしょ。私は、あなたの自己肯定感をアゲてしあわせにするために、来たのよ。とって食うわけじゃないから、安心しなさい。それにこれはあなたにとって、悪い話じゃないでしょ。

そんな都合のいい話があるわけ……。

私だって、にわかには信じがたいわ。でも14人の子を残して来ちゃってるんだか

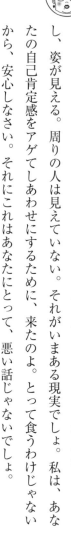

ら、いまはなんでも信じるわよ。それに私はあなたとお子ちゃんがしあわせになる手伝いをしなければならない気がするし、それを実現できる知識もある。だからしばらく、あなたと過ごしていこうと思う。

急展開！　いやいやいやいやいや……得体のしれない人と謎の設定に、もう不安しかないです……。

何言ってるのよ。あなた、いまのこの状況じゃなくても、いつも漠然とした不安があるんじゃないの？

えっ⁉

「子どもたち、このままでいいのかな」とか「私、怒られないかな」とか、いつもどこか不安で、堂々とした人と話すとビクビクしているでしょ。

そ、そんなこと……。いや、でも、当たってるっていうか。

いい？　あなたがいつもそんなふうにビクビク過ごしているのは、自己肯定感の低さのせいなのよ。

言葉はなんとなく知ってるんですけど、その自己肯定感って、なんなんですか？

自己肯定感とは、ありのままの自分に満足し、価値ある存在として受け入れる力のことよ。あなたは、その力が弱いの。だから、いつも、何かに怯えているみたいになってるのよ。別に、あなたの状況はそんなに悪いわけじゃないのに。逆に、自己肯定感が高ければ、誰かの目を気にせず堂々としあわせに生きることができるわ。

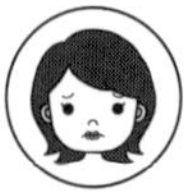

確かに、私の自己肯定感が低いことは認めますけど、そうは言っても、普通はなかなか幽霊とか見ないし、この非現実な状況が不安なんです。

じゃあ、不安を感じなくなる方法を教えてあげるわ。簡単よ。人間はピンチだと思うと脳の中にノルアドレナリンという物質が発生するの。これが人を不安にする。このノルアドレナリンは「闘争と逃走」の物質と呼ばれているわ。ピンチのとき、戦うか、逃げるかを決断させるために、不安という形で人間に呼びかけているのよ。不安に陥っているときに良くないのは、何もしないこと。何もしなければ、脳はまだピンチを脱していないと思い、さらにノルアドレナリンを出す。そうして、あなたはさらに不安になるわ。

つまり、この**不安を取り払いたいと思ったら、行動する**ことよ。いますぐ、何かしらの行動をすれば、不安は払拭されるの。私と戦うとか、猛ダッシュで逃げるとか。

どう見ても力では勝てないし、逃げることはできるかもしれないけど……。でも、とにかく、このままこの状況を続けても、もっと不安になるだけってことですね。

そう。あるいは、決断することよ。

決断？

そう。**決断も行動の1つ**よ。私と一緒に過ごす、と決めること。って、言っても、一日のうちにあなたの都合の良いときに呼んでくれれば来るから、ずっと一緒ってわけじゃないわ。不安の話だって、あなたにとっては役に立ったんじゃないかしら。

うぅ、確かにそうです。

こうして、あなたが、取るべき行動をいまいちはっきりと決められないのも、自己肯定感が低いからよ。自己肯定感は意思決定をしたり、最初の一歩を踏み出すためのエネルギーにもなっているの。あなたは、私と一緒に過ごしてお子ちゃんの自己肯定感を上げると同時に、自分自身の自己肯定感も育む必要があるわ。

あやしげな宗教に勧誘されている気分です……。

まだそんなこと言ってるの？　いい？　いまをほんの少しでも変えるつもりがないのに、未来が変わるなんてことはないのよ。あなたは、「そのうちなんとかなるかも」なんて、ありもしない期待をしているだろうけど。
でも、実際、どうかしら。その奇跡が起きて、こうやってかわいい私が手を差し伸べているにもかかわらず、あなたは、そのチャンスの可能性さえ見ようとしない。メリットとデメリットを考えて、合理的に判断するのならまだしも、あなたは否定的な側面しか見ようとしないじゃない。それが自己肯定感の低い証拠！

自分でかわいいって……。でも、確かに「そのうちなんとかなるかも」とは思ってたかもしれないです。いつも物ごとのネガティブな部分ばかり見てしまうし。確かにこれがチャンスだとしたら、何も考えずに手放そうとしちゃってるかも……。

私はかわいいのよ！　誰がなんと言おうと言い切れるわ。
かわいいか、かわいくないかなんて、その時代や土地といった文化がつくる価値観だし、主観よ。たとえば、日本は痩せ信仰が根強いけれど、ふくよかなほうがいいと

される国はいくらでもある。社会や文化がいつの間にか決めちゃってる価値観って、いたるところにあるわね。でも、〝かわいい〟の価値観は多様なはずよ。だから、そんな曖昧な〝かわいい〟なんてものは、あなたが決めていいのよ。

さあ、チャンスの神様には前髪しかないの。これが、チャンスなのか、リスクなのか、イメージだけじゃなくて、冷静に判断するのよ。

人生が変わるかもしれない。でも、何かの陰謀や宗教、詐欺、事件かもしれない……それにアドバイスが正しいかはわからない……。もしあなたのアドバイスを聞いたら、子どもや私の未来は変わるんでしょうか。

あなたじゃなくて、寅ちゃん、よ！　あなたのお名前も教えてね。

私は、鈴です。

鈴ちゃん、よろしくね！　鈴ちゃん自身がきちんと考えるなら、当然、未来は変わ

るわ。未来を変えたければ、常にいまを変えるしかない。

自己肯定感を身につければ、鈴ちゃんもお子ちゃんの未来もしあわせなものになる。そして、鈴ちゃんもお子ちゃんの過去もしあわせなものになる。

過去もですか？

そうよ、**未来がしあわせになれば、必ず「あの苦い過去があったからこそ、いま、しあわせです」と言えるようになる**の。成功したスポーツ選手が、挫折をバネに活躍したエピソードと同じよ。逆にこのまま、何も変わらなければ、自己肯定感低く生きてきた過去はそのままなの。

自己肯定感を身につければ、人生のすべてを肯定できる……。

さあ、そろそろ決断よ。でも安心して。疑うことも大切だし、鈴ちゃんが私に「やっぱり信じられない」と言えば、おとなしく消えて、もう二度と姿を見せないと

誓うわ。もちろん、それもまた、鈴ちゃんが決断をしたという行動だから、鈴ちゃんの心を占めている不安はなくなるはずよ。鈴ちゃんがそうなれただけでも、今回は良しとするという考えかたもあるし、私もまた他の人を探しにいくわ。

（……私は子どもたちに自己肯定感をつけたいし、やっぱり自分を変えたい。それにいまの話は私にとって役に立つと思えた……。）

決めた！

寅ちゃんと過ごしてみます！　それに、もし私の子どもや私が自己肯定感を身につけられれば、寅ちゃんもちゃんと生き返ることができるんですよね？

きっと、そのはずよ。お子ちゃんや鈴ちゃんに、自己肯定感を身につけてもらって、私も生き返るわ！　それにしてもよく決断してくれたわね！　ありがとう！

うん、寅ちゃん、これからよろしくお願いします！

よろしくねー。ところで、鈴ちゃん。周りの人からすごい目で見られてるわよ。どんまい！

そういえば、寅ちゃんは他の人には見えないんだった……。さ、早く「行動して」、この場所を離れましょうか。

寅ちゃんの声かけ
達成力 1

「不安なときは、とりあえず動いてみよう」

不安は、行動することでしか消せないわ。「いま」を変え続けることで、過去も未来もしあわせなものに変えることができるのよ！

自己肯定感を得れば、
人生を肯定できる

レッスン2

「自己肯定感は3つの力で育つのよ」
——達成力・仲間力・感情力

どうやら本当に、寅ちゃんは私にしか見えないようです。普通なら、どう考えても受け入れがたい状況です。でも、寅ちゃんが言うように、何もしないで悩んでいても、不安になるだけかもしれないです。だから、私は行動することに決めました。

とはいえ、人目につくところで寅ちゃんと話していると、色々と問題がありそうです。私たちは、いったん家に帰ることにしました。

ふぅ、ここなら大丈夫ですね。

良かったわね。あのままだと、変な人だと思われるわよ。

本当ですよ！　あー、ご近所さんに見られなかったかなぁ。とほほほほ。

そんなことを心配しても時間の無駄よ。

寅ちゃんのせいですよ！　でも、私って、人間関係のほんの小さなことで、ずっとくよくよ悩んじゃうんです。娘の凛もそんな感じなんですけど。

まあ、気持ちはわからなくはないわ。けど、悩むべきことと、そうじゃないことは、ちゃんとはっきりさせたほうがいいわね。

どうやって、はっきりさせるんですか？

自分でコントロールできることは悩み、自分でコントロールできないことは忘れ

る、って決めることよ。自分でコントロールできるのは、自分の行動や気持ちね。自分でコントロールできないことは、誰かの行動や気持ち。ご近所さんの気持ちはコントロールできないから、忘れましょ。

でも、誰かの気持ちを忘れるって言っても、悩みのほとんどは、それですよ？

そうよ。だから、忘れたら楽じゃない。

……忘れちゃって大丈夫なんですか？

大丈夫、全部忘れていいわ。**世の中のほとんどのことは自分でコントロールできない**んだから。そんなことより、**自分にコントロールできるわずかなことのほうに集中すべき**なの。これだけ情報が溢れる現代なのよ。ご近所さんがどう思ってるとか、友だちに嫌われたかもとか、はたまた、どこそこの芸能人が不倫したとか、そういう他人のことをいちいち気にしてたら、きりがないでしょ。もっとひどいのは、そんなこ

とばかりに気を取られていたら、そのたびに自己肯定感まで下がっちゃうってことなのよ。

芸能人のことでも⁉

だって、気にしたって、あなた。別に、その芸能人は鈴ちゃんになんの関係もない人でしょ。「不倫してダメな人ね、許せないわ」って怒ったって、あなたの人生、何かが変わるの？　気持ちがネガティブになるだけじゃないかしら。

確かにそうですねー。芸能人のことは納得しました。でも、他の人の気持ちってことは、自分の子どもの気持ちも、ってことですよね。子どもの気持ちには敏感でいたいんですけど。忘れちゃって、大丈夫ですか？

敏感でいていいし、自分にできることはもちろんしてあげなさい。でも、家族であろうと、**心までコントロールしようとしたら、余計うまくいかない**の。自分の子ども

であろうと、**1人の人間であることを認めて**あげなくちゃ。

深い……、そして難しい……。

あら、大丈夫よ。忘れることって、すごく難しいことよ。忘れようと思っても、どうしても考えてしまうときは誰にだってあるし。けどね、自分にとって本当に大切なことは、またそのときが来ると必ず思い出すようになってるの。だから、**「自分にコントロールできないことは忘れる」って割り切るぐらいがちょうどいい**のよ。

確かに忘れることって、全然できないです。くよくよしちゃうのも、ちょっとしたことを忘れられないからだし。

そうよね。だから、気の持ちようは、それくらい振り切っていいのよ。

そうですね、忘れるようにしてみます！　ちなみに、嫌なことほど、自動的に考え

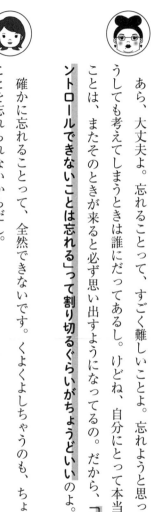

ちゃうっていうか……どうしても気にしちゃうときは、どうしたらいいですか？

単純で効果的な方法があるわ。**考える暇もないくらい忙しくする**ことよ。それでも思い出すかもしれないけど、そのときは、考えるんじゃなくて、**悩みはあるけどそこに置いておけばいい**わ。

なるほど、忘れようとすると、全然忘れられないどころか、もっと考えちゃいますもんね。考えないで、そこに置いておく。置いとくためには、忙しくして考える暇をなくせばいいってわけですね！

そうね、そうすれば、いちいち悩んで自己肯定感を下げることはないわね。

自己肯定感かぁ……。こうして、寅ちゃんに話を聴いてもらって、対策を言ってもらえたらすごく納得するんです。でも、自己肯定感って、まだよくわかりません。

そうよねぇ……。自己肯定感って、テストの点数みたいに数値化できるわけじゃないからすごくわかりにくいのよね。こういう力を非認知能力、って言うのよ。

ひにんちのうりょく？

テストの点数とか、偏差値とか、逆上がりができるとか、明らかに目に見える力が認知能力。自己肯定感とか生きる力とか、目に見えづらい力が非認知能力よ。**これからを生きる子どもたちは認知能力だけでなく、非認知能力の育成が大切だと言われている**わ。

勉強ができるだけではダメってことですか？

その通りよ。ちょっと前までは、勉強ができて偏差値の高い大学に行って、一流企業に勤めることができれば、人生上がり、って感じだったわよね。でも、いまは価値観が多様化してきて、そのルートだけがゴールではなくなった。一流企業に勤めて

も、働きかたがつらくてしあわせを感じられないこともあるし。そもそも1つの仕事だけに固執する時代はとっくに終わっていたりもするし。たとえば無職になったら生活は苦しくなるけど、最低限の生活が保障されるという前提の日本では、自己肯定感があれば、どんな逆境にあってもしあわせになれるわ。

つまり、**自己肯定感はしあわせになる力**ってことですね。

そうよ。テストの点数や偏差値は、あくまでも目安。もちろん、大切だけど、それがしあわせをもたらすかどうかは本人次第。本人の自己肯定感が低ければ、どんないい仕事に就こうと、お金持ちになろうと、しあわせにはなれないかもしれない。

そうなんですね。自己肯定感が大事なのはわかりました。でもやっぱり、自己肯定感がなんなのかはさっぱりわからないです。

じゃあさ、鈴ちゃん。もし、「勉強ができるようになりなさい」って言われたらどう

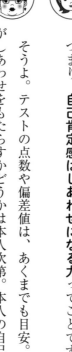

する？

え、そうですね……。とりあえず、本屋さんに行って、国語とか数学とか、勉強する教科の参考書を買ってくるかなぁ。

そうよね。じゃあ、「自己肯定感を上げなさい」って言われたらどうする？

だから、それがわからないんですよ！　本屋さんで自己肯定感っていう教科の本は売ってないし。いや、本は売っているんだけど、ぼんやりしていて……。

じゃあ、自己肯定感にも教科があれば、わかりやすくなると思わない？

ええ？　自己肯定感にも教科がある？

そう、あるわよ。**自己肯定感の教科は「達成力」「仲間力」「感情力」。この3つの**

教科だけ学べばいいの。この教科はＯＥＣＤ（経済協力開発機構）という国際的な機関がまとめたものを元にしているわ。教科名は私が勝手に決めたけど！

自己肯定感は３教科と思うだけで、すごくわかりやすくなった気がします。この３つの教科はどういうものなんですか？

「達成力」は物ごとを粘り強く続けて目標を達成する力。「仲間力」は周りの人と協力する力。「感情力」は自分の気持ちをコントロールする力のことよ。

自己肯定感を身につけるためには、この３つの力をつけていけばいいんですね！

そうよ、だから、鈴ちゃんや子どもちゃんはこの３つのどれが苦手かを考えてみればいいの。

ええと、息子の翔は、お友だちとはそれなりに上手にやってるけど、粘り強さと気

持ちのコントロールはまだまだね。娘の凜は、お友だちとうまくやることや、自分の感情と向き合うことが苦手ね。

それなら翔ちゃんは「達成力」と「感情力」、凜ちゃんは「仲間力」と「感情力」を中心に高められるといいわね。

でも、結局、それぞれの科目が難しいんじゃないですか？

あら、ちょー簡単よ！　**それぞれの力を発揮しやすくする声かけをするだけ**よ。

声かけをするだけ？

声をかけることで思考が変わるの。思考が変われば行動が変わる。それが積み重なれば習慣になる。だから、まずは声をかけるだけでいいの。

本当に声をかけるだけで、子どもたちは変わるんですか？

声をかけることの意味やゴールとなる習慣を意識することはとても大切よ。でも、そんなに難しいことを考えないで、まずは声をかけてみるだけでも、大きく違うわ。鈴ちゃんだって、小さい頃から言われてきた言葉で人格をつくり上げてきたはずよ。

そう言われてみれば、そうかもしれないです。いくつか母が言ってくれた言葉で覚えているものもあります。

そうね。覚えていないものも含めて、1つひとつの言葉で、鈴ちゃんは育ってきたのよ。だから、翔ちゃんや凜ちゃんにも、**自己肯定感を高める言葉のシャワーをいっぱい浴びせてあげるのがいい**わ。

それだけなら、できそうな気がしてきました！

そうね、それにね、声かけにはもう1つすごい効果があるわ。鈴ちゃんが発する言葉は、鈴ちゃんが最初に聴くことになるのよ。だから、子どもの自己肯定感を高める声かけは、自分の自己肯定感を上げることにもなるの！

すごい、早くその声かけを教えてください！

実はもう、伝えはじめてるのよ！

「不安なときは、とりあえず動いてみよう」（達成力）

「きみがコントロールできないことは、忘れようね」（仲間力）

「気にかかることがあるなら、他のことをしよう」（感情力）

あっ、これ、いままで寅ちゃんと話したことですね。

私の話を聴いて、「確かに、納得！」って思ったものがあったら、子どもちゃんたち

にその声かけをするといいわ。私の話が、その声かけの根拠になるからね。

寅ちゃんとこうやって話をして、あとは声かけをすればいいだけですね！　簡単！

ほら、各レッスンの最後には、こうやって、声かけをまとめておくわよ。

寅ちゃんの声かけ　仲間力 ①

「きみがコントロールできないことは、忘れようね」

人の気持ちを考えても、なんともならない。時間の無駄よ。自分でコントロールできることだけ頑張って、それ以外は忘れちゃいなさい。

寅ちゃんの声かけ

感情力 ①

「気にかかることがあるなら、他のことをしよう」

忘れたいことは、考えれば考えるほど、忘れられないわ。だから、忙しくするの。忙しければ、悩みをそこに置いておいても、そのうち気にならなくなるわ。

レッスン 3

「自己肯定感を数値化してみたわ」
——自己肯定感チェックテスト

自己肯定感を身につけるって、難しいと思っていたけど、声をかけるだけなんて、驚きです。寅ちゃんのお話も納得できたし、たくさんの声かけを知りたいです。

寅ちゃん！　私、期待がとても膨らんできました。

それは良かったわ。私は、逆にお腹がへこんできたわ。何か食べたいわね。

え、幽霊なのに、食べるんですか？

ふん、失礼ね。まだ完全には死んでないし、私、朝も米3合食べてきたんだからね！　そうねぇ、お腹いっぱい食べたいわ。ちゃんこ鍋とかね。

ご、ごめんなさい。そうだったんですね。幽霊的なアレだけど、思い入れが強いものには、触ったり食べたりできるとか、そんな感じですか？　設定、気になる……。

まあ、そんな感じよ。細かいことはいいじゃない。**他人のすべてを知ろうとするより、まずは、自分が笑顔になるほうが先**よ。

おお！　なんだかよくわからないけど、いい言葉っぽい！　人間関係で複雑なことはあるけど、まずは笑顔でいることが大切って意味ですね？

その通りよ。誰かとの関係で何か困ったなら、とりあえず笑いなさい。そうするとね、**脳は無意識に、笑顔の理由を探す**そうよ。笑顔になる理由が見つかれば、その人

との関係も自然にポジティブなものになるわ。

なるほど。**うまくいってるから笑うんじゃなくて、笑うことを先にする**んですね。

そういう効果は科学的に証明されているし、「笑うから楽しい」という説明文が小学校の国語の教科書にも載っているくらいよ。

「私たちの脳は、体の動きを読み取って、それに合わせた心の動きを呼び起こします。ある実験で、参加者に口を横に開いて、歯が見えるようにしてもらいました。このときの顔の動きは、笑っているときの表情と、とてもよく似ています。実験の参加者は、自分たちがえがおになっていることに気づいていませんでしたが、自然とゆかいな気持ちになっていました。このとき、脳は表情から『今、自分は笑っている』と判断し、笑っているときの心の動き、つまり楽しい気持ちを引き起こしていたのです。」って。

まあいちばんは、**単純に笑顔の人って、魅力が溢れている**から、人間関係はどうしたって良くなるわよね。だから、笑いながら、ちゃんこつくりなさい。

わかりました！　じゃあ、ちゃんこ食べながら、自己肯定感を高める声かけを教えてくださいね。

うん、いいわ。と、言いたいところだけど、それはやめておいたほうがいいわね。

え、私のちゃんこ、おいしいですよ。

そりゃあ、ちゃんこはおいしいでしょうよ！　**やめておいたほうがいいのは、「食べながら」って部分**よ。

食べながら話したら、ダメなんですか？

日々のことを、大切な人と穏やかに話しながら食べることはしあわせの1つよね。でも、自己肯定感の話は、もう少し力が入った話になると思うのよ。そうなると、**テ**

レビを観ながらご飯を食べているのと、同じようなデメリットがあるわ。

ええ！　うち、テレビを観ながらご飯、食べちゃってます！

テレビを観ながらご飯を食べる習慣はやめたほうがいいわ。マルチタスクをするくせがついてしまうのよ。

マルチタスクって？

マルチタスクとは、複数の物ごとを同時にすることよ。マルチタスクをすると**1つひとつの事がらを順番に行うよりも、大きく効率が落ちる**ことがわかっているわ。場合によっては、それがうつ病などの一因になることもあるそうよ。食事のときに、テレビを観るということは、マルチタスクが習慣になってしまうきっかけの1つになるの。食事は毎日の習慣だからね。

ただでさえ、現代は情報が溢れ過ぎている。多くのことが同時進行しているわ。だ

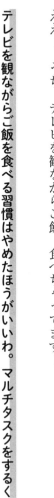

から、いまの時代、1つのことに集中する機会は、貴重なのよ。みんながマルチタスクの時代だから、**1つのことに集中して、自分の力を100パーセント発揮できる人は、物ごとを達成しやすくなる**わ。

食事って、毎日3回もあるから、その積み重ねは大きそうです。

そうね。**「食べる」という行動は、人間の根源的な欲求**でもあるでしょ。それを片手間に済ませてしまうことは、生きるしあわせの大切な要素を手放そうとする行為かもしれないわね。そして、しあわせと自己肯定感は切っても切れない関係よ。

じゃあ、会話とかもしないほうがいいんですか？

頭を酷使するような深刻な会話でなければ大丈夫よ。テレビやスマホを見ながらの「ながら食べ」や、遊びながらの「ふざけ食べ」、あまりに真剣な話など、良くも悪くも食事を妨害するほど、強い影響があるものには注意する必要があるわね。

そのバランス、難しいですね。うちの子たちも、はじめは穏やかな会話をしているんですけど、だんだんふざけあいが過ぎて、食事がおざなりになることがあります。

そうね、改善は一朝一夕では難しいわ。特効薬はないけれど、その都度、丁寧に話してあげることかしら。これは、食卓でできる生きる力の教育よ。丁寧に説明したあと最後は**「目の前のことに集中しよう」という声かけをする**のがいいわ。

近道はないんですね……。

急な変化は、すぐに元に戻るわ。でも、じっくり**時間をかけて変化した物ごとは習慣として、その子のなかに残りやすい**。なかなか変わらないのなら、1年365日、ともに食事をした回数だけ、この声かけを聴くことになる。大変だけど、ここで丁寧に声をかけてあげれば、将来子どもたちの財産になるわ。

大人になって思い出す、「昔、お母さんがよく言ってたなぁ」ってやつですね。

そうね、長い目で見ることも大切よ。

わかりました。じゃあ、ちゃんこはあきらめて、声かけを教えてください！

なんで、ちゃんこをあきらめるのよ！

もう寅ちゃんの話のわかりみが深過ぎて、自分の気持ちが抑えられないですよ！

お、おう。何そのテンション……。ちょっと、怖いわ……。

でも私も、気がついたら、すでに、ちゃんこ脳になってるなあ。うぅ、仕方ないから、ちゃんこをつくるか。

ちゃんこ脳って何よ。ちゃんこは私がつくるからあなたはこれ、やってなさい。

「自己肯定感チェックテスト」？　これ、なんですか？

個人の自己肯定感を数値化するの。これをやれば、鈴ちゃんの**自己肯定感が100点中何点か、わかる**のよ。

そうなんですか⁉　でも、自己肯定感って、点数にできないんじゃ⁉

当然、これですべてがわかるわけじゃないわ。自己肯定感って、ものすごく奥が深いから。でも、受験の合格判定模試だってそんなものよね？　この「自己肯定感チェックテスト」も、そう。**様々なシーンを想定した質問に対して、自分がいくつできているのか確認するわけ。そうすることで、自分のスタート地点がわかる**わ。

わかりました！　とにかくやってみます！

自己肯定感チェックテスト

①～㉕について、できているものはチェック欄に「○」を付けましょう。

達成力	① 1つのことに集中することができますか？	□
	② 物ごとの頑張りどころを知っていますか？	□
	③ 物ごとを先延ばしにしないでやることができますか？	□
	④ スマホなどに依存せず、すぐにやめることができますか？	□
	⑤ たくさんのことをこなす方法を知っていますか？	□
	⑥ 失敗を恐れず挑戦できますか？	□
	⑦ 緊張を乗り越えることができますか？	□
	⑧ 悩んでいることを落ち着いて解決できますか？	□

仲間力	⑨ いじめられないようにする方法を知っていますか？	□
	⑩ 人の嫌な行動を受け流すことはできますか？	□
	⑪ あなたの第一印象はいいですか？	□
	⑫ 突然知り合いに会っても、話題に困らず話せますか？	□
	⑬ 苦手な人とも、うまく付き合うことができますか？	□
	⑭ 家族を大切にしていますか？	□
	⑮ 別れの悲しさを乗り越える方法を知っていますか？	□
	⑯ 人気者になる方法を知っていますか？	□

感情力	⑰考えても仕方ないことで悩まない方法を知っていますか？	□
	⑱絶望しない方法を知っていますか？	□
	⑲落ち込んだときに、すぐに立ち直ることはできますか？	□
	⑳怒りをコントロールすることはできますか？	□
	㉑つらいときの乗り越えかたを知っていますか？	□
	㉒身体を動かしていますか？	□
	㉓よく眠れていますか？	□
	㉔誰かの気持ちを落ち着かせることはできますか？	□
	㉕しあわせを感じていますか？	□

採点してみましょう。
（「〇」の個数×4点で点数がわかります）

達成力

／32点

仲間力

／32点

感情力

／36点

合計（達成力＋仲間力＋感情力）　／100点

やってみてどうだった？

……8点でした、100点中。ショックです……

ぷぷぷ、だっはははははっはは！　面白いわねー。

ちょっと、寅ちゃんひどい！

大丈夫よ、**裏を返してごらんなさい**。

裏を返す？

ネガティブなことの裏には、同じ分だけのポジティブな可能性があるわ。

8点にポジティブな要素なんてないです。

あるわ。だって、これから私と話していけば、**92点分も成長できる**ってことよ？

鈴ちゃんの未来は明るいわ！

これは、賢い人がやってる頭の使いかたよ。**見えていない裏側を考えることで、物ごとを広く見ることができる**わ。それ以上に、**何かマイナスのことがあったときに、自分の冷静さを保つテクニック**として使えるわ！

「裏を返すと」を口ぐせにしてみます。

そうね。**「反対から見ると」「逆に」「だからこそ」**という言葉もお勧めよ。

前向きに使っていきたいです！

さあ、じゃあ、話の続きはまた、せっかく私がつくったちゃんこを食べてからにしましょう。……ええっと、あれあれ？　この風変わりな調味料は何かしら？

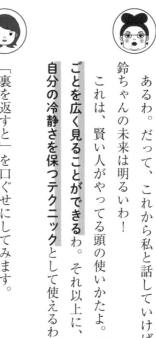

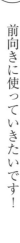

パクチーとオイスターソースとマヨネーズとハバネロを合わせたものです！

う、裏を返すと、食べたことがないちゃんこだし、あとですごいネタになりそうね。

寅ちゃん。**裏を返すときも、まず笑うといい**ですよ！

……意外とできるわね、この子。

寅ちゃんの声かけ
達成力
2

「目の前のことに、集中しようか」

集中力は、現代社会では、貴重品。食事のときはテレビを消して、食べることに集中なさい。毎日、意識すれば効果は大きいわ。

寅ちゃんの声かけ
仲間力
2

「さあ、笑って。人のことなんて気にならなくなるよ」

他人のことをあれこれ言うのは、あまり意味がないわね。それより、あなたが笑顔になれば、すべて解決するんじゃないかしら。

寅ちゃんの
声かけ
感情力
2

「イヤなことは裏返して、考えてみよう」

どんなネガティブなことも、その反対には同じ分だけのポジティブなことがあるの。私たちは、何回転んだって、ちゃんと立ち上がれるわ。

『裏返し』でポジティブに

第2章

達成力

―――

結果に
コミットする力

レッスン 4

「手段と目標は違うのよ」

——正しく目標設定をするには

ちゃんこ鍋を食べました。寅ちゃんは幽霊的なアレなのに、熱がったり、辛がったり、忙しそうでした。でも、ちゃんこについて、あれこれ話して、すごく楽しかったです。なるほど、これが1つのことに集中するってことですね。テレビがついていたら、こうはならなかったかもしれません。確かに、しあわせな時間です。

ふぅ、お腹いっぱいね。なかなか刺激的な時間だったわ。口の中が痛いわよ。けど、これが人生の醍醐味ということかしら。

味つけが好評で良かったです。次は私が、「激烈ほろにが爆弾定食」をつくります。寅ちゃんのための特別メニューですよ！

ひぃぃぃ。次も私がつくるわよ。鈴ちゃんは休んでいなさいね。さて、気を取り直してっと……。じゃあ、まず**「達成力」の声かけについて、集中して話していく**わよ。

確か、**自己肯定感を高めるための声かけは、「達成力」「仲間力」「感情力」の３つ**に分かれているんでしたよね。良い仲間や健やかな心が自己肯定感を持つうえで必要なことはわかるんですけど、物ごとを達成することも大切なんですか？

そうね。鈴ちゃんが10回、テスト勉強を頑張って、10回とも０点だったら、自己肯定感は上がるかしら？

自分なんて何をやってもダメ、って思っちゃうかもしれないです。自己肯定感は下がりますね。そう言えば、私って、三日坊主も多いんです。そんなときも「今回もま

た続かなかったなぁ、私って、ダメだな」って考えちゃいます。

そうよね、だから、**成功体験や達成体験が自己肯定感には必要**になるのよ。

じゃあ、頭が良かったり、根性があったりしないと自己肯定感は持てないんですか？

そんなことはないわ。20点だったテストが40点になれば、「自分はやればできるんだ」と思える。逆に、頭が良くても、１００点が取れると思っていたテストが90点だったら、「90点しか取れなかった」と思うことだってあるわ。そうして自信をなくしてしまうということもあるの。だから、目の前の目標を上手に設定することや、その「本当の目的」を自覚することが、達成力には重要よ。「長期的な目標」についてはあとで話すわ。あと、根性っていうのは、考えかたや環境次第で出しやすくなるものなの。要するに、ごくシンプルに言えば、**誰だって「達成力」を高めることができる**ってことね。

そうなんですね！　安心しました！

「達成力」の声かけは、お子ちゃんに、**目標に対する情熱を持たせたいとき、挫折に負けない忍耐力を持たせたいとき、目標を達成するための合理的な考えを持たせたいとき**に、有効よ。

一生ものの力じゃないですか！

そうよ。そんな力をお子ちゃん、翔ちゃんと、凜ちゃんに、そして鈴ちゃん自身にもつけていきましょう！

わかりました！　さっき、目の前の目標を上手に設定することや「本当の目的」を自覚することが達成力には大切って、言ってましたよね。具体的にはどうすればいいんですか？　子どもと改まって目標を立てることなんてなかなかないし。

簡単な方法があるわ！　**ヒーローインタビューしちゃいなさい**。

ヒーローインタビューって、野球の試合の最後とかにやってるあれですか？

そうよ、それを遊び感覚でやっちゃうの。

ええっと、たとえば、どんな感じですか。ちょうど、1カ月後に翔のサッカーの試合があるんですけど……。

じゃあ、実際にやってみましょう。サッカーの試合が終わったと想像して、翔ちゃんにインタビューするの。私がインタビュアーをやるから、鈴ちゃんは翔ちゃんのつもりで答えてね。
「すごい活躍でしたね。今日、たくさんの素晴らしいプレーがありましたが、**最高だったプレーを1つ教えてください**」

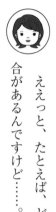

「やっぱり、**ゴールを決められた**ことですね」

「やはりそうですか！　そのために、**どんな努力をしてきたん**ですか」

「**毎日、シュートの練習**をしていました。シュートの前の**トラップやドリブル練習**も頑張りました」

「なかなか時間のない毎日だったと思います。いつ練習していたんですか」

「学校から帰ってきたら、**宿題をすぐに終わらせて練習**に行きました」

「素晴らしいです！　毎日、努力をすることで、翔さんが**成長したなと思うこと**はありますか」

「**サッカーがうまくなった**と思います」

と、こんな感じよ。

すごく面白いですね！

このヒーローインタビューでは、まず、試合に挑むうえでの「目の前の目標」を確認し、それを達成するための「手段」を確認し、最後には、「目の前の目標」を達成する「本当の理由」についても確認しているの。

サッカーの試合で、翔ちゃんにとっての具体的な「目の前の目標」は、「ゴールを決める」ことよね。そのための「手段」である、練習や方法についてヒアリングしたでしょ。そして**最後に、「ゴールを決める」ことの「本当の理由」、つまり「長期的な目標」は「サッカーがうまくなること」だと自覚してもらったの**。

もし試合でゴールが決められなくても、つまり、「目の前の目標」が達成できなくても、「サッカーがうまくなる」という「長期的な目標」のほうは、日々の「手段」

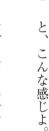

の実践によって達成できているわよね。

なるほど！　「ゴールを決める」は、「サッカーがうまくなる」ことの１つの目安で、「練習」はあくまで「サッカーがうまくなる」ための「手段」ってことですね。

そう。ここがはっきりしないと手段と目的がぐちゃぐちゃになって、「達成できた」という実感を持てないことがあるわ。

確かにこの手順で聴いていけば、何が「長期的な目標」かよくわかりますね。

子どもが言う「目標」は、ほとんどの場合「目の前の目標」や「手段」であることが多いの。だから大人が「長期的な目標」は何か、掘り下げてあげることが重要ね。

インタビューは動画に録っておいたり、「長期的な目標」とそのための「目の前の目標」を明確に分けて紙に書いてあげたりすると、すごく効果的よ。

やってみます！　……ただ、ちょっと心配なことがあります。

あら、何かしら。

翔もこういうのは好きだし、この方法で「長期的な目標」がはっきりするとは思うんです。でも、果たして、「長期的な目標」をちゃんと達成できるかが心配で。私も、やりたいことを考えているときは「絶対、やろう」って決意するんですけど、いざ、やるときになったら「ま、明日からでいいや」ってなっちゃって……。

あるわよねー。そんなときに良い声かけがあるわ。「長期的な目標」がはっきりしたら、すぐに「じゃあ、まず何からやろうか」って、声をかけるの。

「何からやる」っていうのは、「いま」ってことですか？

そうね、**もうその場ではじめてしまう**の。夜でドリブルの練習ができないなら、そ

の場でできるスクワットでもして、**カレンダーに「○」を書かせてしまうといい**わ。

できた日はカレンダーに「○」をつけるんですね。

そうよ。それで、もうはじめたことにしておくといいわ。**人間、０から１に動くのが、いちばん大変**なの。だから最初の一歩を、その場でクリアしてしまうのがいい。それに、カレンダーに「○」を書くと、明日も「○」を書くために続けたくなるわ。

そっか、思いが強いうちに、ほんの少しでもやっておくといいんですね！

そう。その場で急にできるようなことだから、簡単なことになるかもしれない。でも、むしろそれがいいの。**最初のハードルは、助走なしで跳べるくらい小さいものでも、０から１にできたという達成感を味わうことがいちばん重要**よ。

確かに身に覚えがあります。できないときって、たいてい、最初のハードルを高くし過ぎちゃうんですよね。しっかりと準備して、準備して、準備して……全然やりはじめない、みたいな。それよりは、こんな感じでスタートしちゃうのがいいですね。サッカーとか好きでやってる習いごとなら特に。でも、宿題とかは、どうですか？　嫌がってなかなかはじめないものですよね。

その場合は、**「×時までに宿題を終わらせる」っていう「完了の締め切り」と「×時までに宿題をはじめる」っていう「開始の締め切り」を設定する**のがいいわ。

「完了の締め切り」だけでなくて、「開始の締め切り」の時間も決めて、2段階にするんですね。確かに、「×時までに終わる」という「完了の締め切り」だけだと、ギリギリからやりはじめて、雑に終わらせる、なんてことがありますよね。でも、「×時までにはじめる」と決めると、ちゃんと時間が確保できる。目から鱗です！　あっ、そろそろお迎えの時間です。もうちょっと、話を聴きたかったけど。

あっ、そうなのね。気をつけて行ってくるのよ。また夜にね。じゃあ、私も魔法を

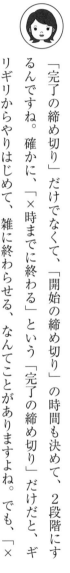

使ってちょっと出かけてくるわ、ドロンパドロンパグルグルリンッ！

き、消えた……。呪文が、昭和……。

寅ちゃんの声かけ
達成力
3

「きみのヒーローインタビューをさせて」

手段と「長期的な目標」を、はっきり分けることが重要よ。インタビューしたことを書き残して、目立つ場所に貼っておくと効果絶大ね。

寅ちゃんの声かけ
達成力
4

「まず、何からやってみる？」

テンションアゲアゲの「いま」、その場で、はじめてしまいましょ。はじめの一歩ほど大切なものはないわ。ハードルはできる限り下げて、簡単なことを選ぶのよ。

寅ちゃんの声かけ
達成力
5

「いつまでにはじめようか？」

「完了の締め切り」と「開始の締め切り」を2段階で設定するの。2つの締め切りの間隔は、丁寧に取り組んでちょうど課題が終わるくらいがいいわ。

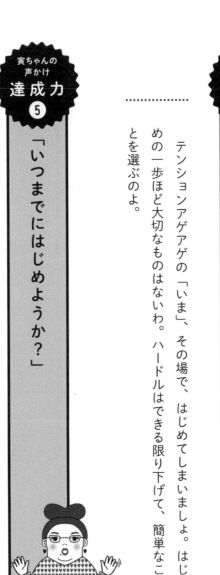

やりたいことはその場で始めさせてしまう

レッスン 5

「きっかけ次第で好奇心も沸いてくるわよ」
——チャレンジ精神を持つには

さて、子どもたちもやっと寝たようです。今日は、旦那さんも出張で帰ってきません。いつもなら寂しいけど、寅ちゃんのお話を聴くチャンス！　さっそく、寅ちゃんを呼んでみようと思います。……って、どうやって呼べばいいんだろう。

と、寅ちゃん？

はいはい！　ドロンパドロンパグルングルン！

びっくりした！　突然、現れる感じなんですね⁉　そのカタカナだらけのが魔法の呪文ですか？

魔法の呪文？　あっ、ドロンパドロンパのこと？　これ別に言わなくてもいいんだけど、言ったほうが雰囲気出ていい感じでしょ。

言わなくていいなら、言わないほうが、いいのでは……。ずいぶん古いですよ。

ふん！　ダサかっこいい、みたいな感じよ！　さあ、昼間の続きね。

よろしくお願いします。実は、凜のことなんです。翔みたいに習いごとをやっているわけではなくて。ピアノ、お習字、スイミングなんかを勧めてはみたんです。でも、どれも興味がないみたいです。やってみて興味がないのならいいんですけど、体験教室にも行こうとしないので……。

好き嫌い以前に、少し試してみることもしないのね。

そうなんです。このままだと、「達成力」を身につけるどころか、達成する目標さえないというか。スタート地点にも立てないんじゃないかと不安なんです。こんな場合に、有効な声かけはありますか。

当然、あるわよ。**「トップを見てみよう」**がいいわね。

トップ？

いちばん上手な人、という言いかたでもいいわね。テニスなら、世界ランキングの上位に入っているぐらいのトッププレイヤーを、できれば実際に見に行くといいわ。

それは、なぜですか？

トッププロどうしの試合は、ダイナミックでフォームも美しいから、憧れを持ちやすいわ。それに、彼らは人生を懸けているから真剣だし、試合をつくる審判、運営、会場、観客の雰囲気には**一種の非日常感がある**わ。「私もああいうふうになりたい」という気持ちを抱きやすい環境が整っていると言えるわね。

なるほどー、でも、そもそも興味がないのに突然、テニスの試合に連れていっても楽しくないんじゃ……。

それでも、いいのよ。会場で食べたアイスクリームがおいしかったとか、家族で思い出ができたというくらいで。みんなが楽しんでいて、本人も良い印象を持ったら、じゅうぶん。いまテニスをやらなくても、中学生になったらやりたいと言いはじめるかもしれない。**将来のために、たくさんの種を蒔いておく時期と考える**ことね。

そう言えば私自身も、父が熱心に見ていた野球にはなんだか愛着があります。母はスポーツには興味がなかったけれど、芸術が好きで、よく美術館に連れていってくれ

ました。それで、私も絵が好きになりました。あ、これ、スポーツでなくてもいいんですよね。音楽でも、絵画でも。そっか、なんでもいいんだ。まずは私自身が本当に楽しいと思っていることのトップに触れさせてみます。

そうね、それなら鈴ちゃんも楽しめるし、いいじゃない。なんだっていいのよ。たとえば、一流の作家が書いた小説を一緒に読むとか、プロのパティシエがつくったスイーツを一緒に食べるとか。実際に見ることができない場合は、トップの人の才能を五感で体験したという経験を持つの。ちなみに何にするの？

クップです。バイキングたちが生み出したスウェーデンの知的なスポーツです。

そ、そう……あの有名なやつよね……あのバイキングのね。いやっ、正直言うとわからないけど！　でも、きっと楽しいのよね。ぜひ、上手な人のプレーを見せてあげなさい。

そうします！　ところで、もし色々な物ごとに触れさせてみて、興味が出てきたら、トッププロを真似して、練習をさせるといいんですか？

まあ、はじめのうちは楽しくできればなんでもいいわね。昼に言ったみたいに「まず、やってみる」こと、最初の一歩を促すことがとても大切だから。でも、うまくなりたいと思いはじめたら、**プロだけを真似てもうまくいかないことがある**わ。

そうなんですか。テニスでも、他のことでも、プロはすごい技術を持っていたりしますし憧れますよね。

そうね。でも、大人のトッププロと、それをはじめたばかりの子どもでは、そもそも筋力や体力、スポーツでなくても、人生経験や器用さが違う。お手本になることは当然あるけど、そのまま真似をしても上達には直結しないことも多いわ。

じゃあ、うまくなるという目標に近づいていくには、どうしたらいいんですか？

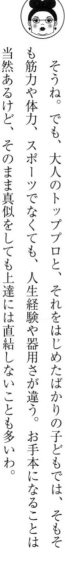

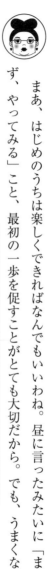

私は**「自分と似ている、自分より少しだけ上手な人を探そう」**って言っているわ。そういう人を探せたら、相手にあって自分にないものを見つけるといいの。そうすることで、**次に努力すべきポイントがはっきりしてくる**わ。これがいきなりトッププロをお手本にしてしまうと、「いや、そんなのできないし」ってことが多くなってきちゃうし、努力のポイントを見つけることが難しいわ。

そうか、じゃあ、お友だちの多い大きなクラブとかに入ったほうがいいんですね。

大きくても小さくても、楽しくできそうなところでいいわ。プロのピアニストになった人の最初の先生って、「ピアノの楽しさを教えてくれた温かい先生」が多いんですって。まずは、**「楽しめる」ということが長続きのコツ**なの。クラブが小さくても、参加できる大会はネットで探せるし、お手本は見つかりやすい時代よ。だから、本人に合いそうなところ、本人が楽しめそうなところで決めればオッケーよ。

ほんの少し上の人を見つけて目標にしたら、アドバイスは、「○○ちゃんと比べると、こうしたほうがいいよ」という感じになりますか？

いや、そのアドバイスは良くないわ。**ネガティブなことで、誰かと比べるのは自己肯定感を落とす原因になる**わ。「優秀なお兄ちゃんと比較されて育った」なんていう話は、恨み節で終わることもあるわよね。もちろん、それをバネにして頑張ったという話がないわけじゃないけど。

そういえば、そうですね。自分に置き換えればわかることだけど、「誰かと比べてできていない」って言われても、「だって、私と○○ちゃんは違うし」って反発したい気持ちになりますね。

そうなのよ。だから、**アドバイスをするときは、過去の本人と比べるといい**わね。「前は、こんなことを頑張っていたし、優しい気持ちも表していた。これが本当の凛ちゃんじゃないのかな」とか「同じように悩んでいたことがあったけど、努力をして

乗り越えてきたよね」というように、本人のいままでの歩みや成長に焦点を当ててアドバイスするのよ。

これなら自己肯定感は落ちづらいですね。

そうね。リビングとかに、**その子らしくいきいきとしている写真を飾っておくのもいい**わ。少しアドバイスするときに、「この写真を撮ったときのこと、覚えてる?」みたいにして話していくと、心に入りやすいんじゃないかしら。

写真があると頭でイメージするよりも、映像化しやすいですね。よかったときの自分を想像しやすいから、うまくいっていないときでも、自信を取り戻して進んでいけそうですね。

そう。一時的にうまくいかなくても、自己肯定感があれば、前に進んでいけるわ。

そうか、自己肯定感が強いと、成果ばかりに振り回されないメンタルを持てるんですね。うん？　でも、そうしたら「達成力」って、そもそもいらなくないですか？

バランスが大切なのよ。結局、成果が出な過ぎても、自己肯定感は下がっていくでしょ。あと、せっかく成果が出ていても、他人とばかり比べているようでは、自己肯定感は低いままだわ。

人と比べはじめると、上を見ても下を見ても、果てしないですからね。それでは、いつまでも自分自身に満足できないということか。私も身に覚えがあります。

ちょっと話が深いところに行っちゃったから、戻すわね。

まず、「トップを見せて」憧れを持たせる。次に、「自分に似ていて、自分より少し上手な人をお手本にさせる」、最後は「アドバイスするときは、過去の本人と比べる」って、話だったわね。

「この人を見本にするといいよ」っていうアドバイスはするけど、**ネガティブな場面ではそのお手本の人とは比べず、過去の本人と比べる**んでしたね。ただ、人と比べないって、けっこう難しいことですよね。ついつい比べちゃうときがありませんか……。

わかるわ。人間は多くの人と関わり合って暮らしている社会的な生き物だもんね。SNSなんかもこんなに広がって、誰もが注目を集めることが可能になったんだから、誰かと比較しちゃうことはむしろ自然かもしれないわ。そんなときには、**「この子はすごいね。でも、あなただってすごく素晴らしいよ」と、両者をポジティブに評価する**といいわ。

友だちばかり褒められて自分が褒められないと、比べられた気分になりますね。でも、人の良さを認めたうえで、自分の良さも認めてもらえたら肯定された気持ちになりますね。

「みんなちがって、みんないい」って、金子みすゞさんの素敵な詩が教科書にも載っているわよね。

あれって、そんな意味だったんですか？

まあ、どんな意味と思うかも、人それぞれ自由よ。みんな違ってみんないい。「ナンバー1にならなくてもいい、もともと特別なオンリー1」よ。らーらららーららーらー。らーらららーららーらーらー。

ちょ、ちょっと、夜に大声で歌わないでください！

大丈夫！　この声は、鈴ちゃんにしか聞こえてないわ！

カラオケし放題か!!

寅ちゃんの声かけ

達成力 6

「トップを見てみよう」

やっぱり上手な人って、素敵よね。どうせなら、いちばん上手な人を見にいきましょう。あなたにとっても、いい刺激になるわよ。

寅ちゃんの声かけ

達成力 7

「きみより少しだけ上手な人を探してみよう」

お手本にするなら、自分と似ているところが多い人がいいわね。憧れのあの人からは、技術じゃなくて、モチベーションをもらうといいわよ。

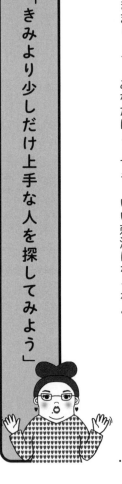

寅ちゃんの声かけ
達成力
8

「以前のきみと比べてみてよ」

いつだって、戦うべきは自分自身。昨日と比べて、少しでも素晴らしい自分になれていれば100点満点。他人と比べる必要は、1ミリもないわ。

レッスン
6

「根性が必要なときもあるのよ」
――一歩踏み出すには

サッカーを頑張る「長期的な目標」をはっきりさせるために、翔にヒーローインタビューをしてみました。最初は、「ゴールを決めたい」とばかり言っていたけど、そのうちに「サッカーが上手になって、自分のことを『すごい』と思えるようになりたい」という言葉が出てきました。

私としては、「あなたは、もともとすごいよ」と言ってあげたいし、翔が自己肯定感を持てていないのは少しショックでした。でも、やっとスタート地点に立てたような気持ちでいます。

娘の凜には、なにかトップのものに触れさせようと思いました。ただ、スポーツはなかなか近くで観られる機会がないので、本物の化石が見られるという恐竜展に連れていきました。これもすごく食いついたというわけではなかったけど、楽しい時間を過ごすことはできました。

色々、試しているみたいね。上々よ、鈴ちゃん！

うーん、上々なのでしょうか。色々やればやるほど、子どもたちの自己肯定感の低さを痛感してしまって残念というか……。

そうそう、それが順調な証拠！　いままでも、お子ちゃんたちの自己肯定感の低さは、すでに心の中に潜んでいたのよね。でも、その見えにくかったものを見える形にできた。それが大切なの。あとは、鈴ちゃんが勇気を持てるかどうかね。

勇気ですか？

そう。お子ちゃんのありのままを、しっかり受け入れる勇気が持てるかどうか。**成長って、螺旋階段みたいなもの**なの。同じところを行ったり来たりして、全然進んでいないように思えても、「あれ!? 気がついたら、ずいぶんと上にいる!」というものなのよね。

確かに、毎日同じようなことを子どもたちに言って、昨日と何も変わらない。そんな無力さを感じることは多いです。でも、それでいいってことですか?

それでいいわ。世の親たちは、みんな頑張ってる。子どもたちを、勇気を持って受け入れて、あとは一生懸命やっていれば、子どもはしあわせになっていくの。私がこうやって話しているのは、あくまで効果的な方法を伝えるためだけど、別に遠回りが不正解だとも思わないわ。

勇気を持って受け入れる……。でも、よく考えてみたら、私、それもちゃんとでき

ていないかもです。いままでも、子どもたちに「親にとっての都合のいい部分」ばかりを見てきてしまった気がします。どうしたら、勇気を持つことができますか？

それは、文字通り**お子ちゃんをしっかりと目で見ること**よ。ついつい忙しいからと、お子ちゃんと視線も合わせないで、家事をしながら話したり、スマホを見ながら会話したり……そんなときは自分では色々やっている気になっているけど、「都合の悪いことから逃げている」ということもあるんじゃないかしら。お子ちゃんはそんな鈴ちゃんの姿をよーく見てるわよ。

うぅ、もう心当たりがあり過ぎて、胸が痛い。

まあ、落ち込むことがあってもいいわ。でも、できるだけちゃんと「見て」いきましょう。そうそう、**叱るときにも、「まず目を見て」**という声かけは効果的よ。そうすることで、「なんとなく都合の悪いことから目を背ける」という状態は避けることができるわ。お子ちゃんが**「逃げている」状態では、いくら叱っても効果は薄くなっ**

て、「あー、またうるさいこと言ってる」と思われるだけになってしまうかもしれないわ。

なるほど。ちゃんと目を見てコミュニケーションを取ることは、親子で頑張ることなんですね。

そうよ、まずは自分からやろうとするだけでも、違うから試してみなさい。

はい、やってみます。ちょっと心が折れそうになったけど、根性ですね！

あら、鈴ちゃんは体育会系？

いや、実は真逆です。あんまり根性論とかで育ってこなかったんです。だから、いまいち子どもたちにも、こういう精神的なことってどうやって伝えていったらいいかわからなくて。

鈴ちゃんはどんなときに根性が必要だと思ってるの？

それがよくわからないんです。なんでもかんでも根性で解決するような子育ては、もう時代遅れって感じだし。でも、やっぱり日々生活していると根性を出すことも必要だと思うし。そのバランスが難しいというか……。

うん、言いたいことはわかるわ。これを解決する声かけは**「物ごとのはじめには、根性が必要だよ」**ね。

物ごとのはじめ、っていうのはどういうことですか？

動き出すときには根性が必要ってこと。もう少し、正確に言うなら、**根性と、環境を整えることが必要**なの。動き出すときって、日常のことなら、朝起きるときもそうよ。宿題をはじめようとするときもそうね。もっと、長い目で見るなら、新しい学年

のはじまりとか、新しいことをはじめたときは、根性が必要よね。

寅ちゃんが言うように、そういうときは環境を整えておくことが大切って、本で読んだことがあるんですけど、根性も必要なんですか？

環境を整えておいて、それをできやすい状態にしておくことは、根性と同じようにとても大切よ。でも、**最後に動き出すかどうか決めるのはあくまで子どもちゃん本人**。誰かにすべて準備してもらって、機嫌をとってもらわなくちゃできないようでは、将来、ほんの少しのことで心が折れてしまう、粘り強さのない子になってしまうわ。

親がサポートし過ぎちゃうと、「やってもらうのが当たり前」「やってもらわなければできない、やらない」状態になってしまうと……。

そうね、だからと言って、すべて放置するのも違うわ。あくまでお子ちゃんのいま

の根性レベルを考えて、ほんの少し頑張ることで乗り越えられる壁を用意してあげることが大切！　たとえば、朝起きられないのであれば、前日に着替えを一緒に準備するところまではやってあげる。カーテンを開けて、朝に日が部屋に入るようにしてあげる。そんなふうにして、環境を整えておくの。でも、朝になって、実際に身体を起こして着替えることについては、「根性で頑張りなさい。物のはじめには根性が大切なのよ」と声をかけるの。

そこまでやれば、あとは自分の意思さえあれば、なんとかできそうですよね。

そうよ、ここで身体も起こしてあげて、不機嫌にならないように優しい言葉をかけてあげて、っていうのは逆に子どもちゃんの心の成長の機会を奪っちゃうと思うの。

でも、それでもどうしても起きなかったら、どうすればいいですか？

その場合には**「最後は、自分で決めなさい」**と声かけするわ。

動くかどうか、自分で決めさせるんですね。うちの子、特に翔は、全然それでも寝ていそうなんですが……。

そうしたら、**それを選んだことに対して、しっかりと責任が取れるようにしてあげる必要がある**わ。

どうするんですか？

ご飯を食べる時間が短くなってもそのまま送り出すとかね。

うーん、その決断は勇気がいりますね。

親としてはとってもつらいわね。当然、気持ちや、食べられなかった食事のフォローも必要になってきたりするわね。むしろ、その後のケアのことを考えると、すご

く手のかかることかもしれないわ。

できるかなぁ。大変だし、難しそうです。

毎日、する必要はないわ。でも、10回にいちどでも、そんなときがあれば、いいきっかけになるわよ。まずは、余裕のある週末に試してみるといいわ。感情的にならないこともポイントよ。

そうですね、心に余裕のあるときにやってみます。「自分で決める」ってすごく大事ですよね。

そうね、自分のことを考えてみても、**誰かに押し付けられたことって、結果は良くても、長い目で見たときに、自分としては満足できない**ことが多いように思うわ。**自分で決めたことなら、失敗しても、あとで納得はできる。**「自分で決める」ということを小さいうちからやっておくと、「○○のせいで」「○○が言ったから」という他責

思考も減らすことができるわ。

誰かのせいにしちゃうときって、自分に自信がないときだと思います。逆に、自分に自信があれば、「まあ、自分で決めたからいいか」って思えるかも。

うん、だから自己肯定感を上げるためには「自分で決めること」は大切だし、**自分で決めることでしか世界が動かない、と気がつけば、主体的に動くようになる。**そうすると、物ごとを達成できる力もついてくるわね。

難しいですね。ちょっと頭を整理させてください。わかったような、まだしっかり理解できていないような。

まずは、難しく考えずに、声かけからしてみるといいわ。

あっ、頭のスッキリする「寅ちゃん印の漢方スペシャル特別ミックスVol．2」という特別なサプリをあげるわ。飲みなさい。はい、ごっくん。

おぅえええ、まずい！　あれっ、なんだか頭がスッキリしてきたような……。

薬屋さん、はじめようかしら。

寅ちゃんの声かけ
達成力 9

「まず、お互いの目を見ようね」

どんなことも勇気を出して見つめることが大切よ。それが、自分に都合の悪いことでもね。思い切って見てみると、覚悟が決まるわ。

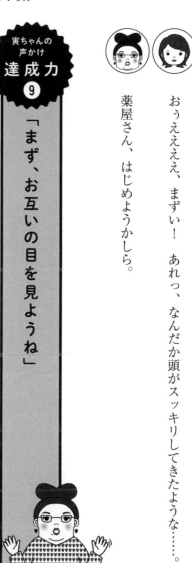

寅ちゃんの声かけ
達成力 ⑩

「はじめるときは、ちょっとだけ根性を見せて」

最初だけは、自分で心のエンジンに火をつけなさい。慣れるまでが勝負よ。ロケットと一緒で、最初にしっかり心を燃やせば、軌道に乗れるの。

寅ちゃんの声かけ
達成力 ⑪

「最後はきみが、決めるといいよ」

自分の決断に責任を持てれば、失敗も、成功も、財産になるわ。そのために、小さいことから自分で決める練習をしておきましょう！

最後は自分で決める
「寅ちゃん印の漢方スペシャルV〇．3」飲んでみる？
キッパリ
遠慮しておきます

レッスン 7

「続けられるよう、環境を整えるのよ」
―― 習慣化するには

物ごとをはじめるときには、根性が必要なことがわかりました。やっぱり最初は不慣れなことが多いし、いままでとやらなければいけないことが違うからストレスがかかります。でも、ロケットと一緒で、最初に根性で心を燃やすことができれば、あとは軌道に乗れるそうです。このロケットのたとえは、子どもたちにもわかりやすいなと思いました。

何かをはじめるときには根性ですね！

そうね、でもずっと根性だけだと疲れちゃうから、**「根性は最初だけ」と意識させる**といいわ。いつまで経っても、根性だけでやっている場合は、きちんと方法を考えることが大切よ。

1年経っても、2年経っても、根性が必要な場合は、それが「ブラック」じゃないか考えたほうがいいってことですね。最初の部分は気持ちを燃やして、頑張ってみることで、そのあたりのさじ加減がわかりそうです。

そうね、「ブラックかどうか」だけじゃないわ。単純に、その物ごとが**「自分に合っているか」だって、本気でやってみないとわからない**からね。ただ、がむしゃらに頑張るだけじゃなくて、環境を整えることも一緒にやるといいわ。

うーん、根性が必要なときについてはわかったんですけど、環境を整えるっていうのが、いまいち、よくわからないです。

たとえば、勉強する前に、部屋を整理したり、机の上を片づけたりすることがあるでしょ。自分の力を発揮しやすいように、場所や心のコンディションをいい状態に高める行為が、環境を整えるということよ。

あー、なるほど。でも、うちの子たち、片づけができないんですよね……。

片づけは、とても大切な習慣よ。常に机の上が片づいていれば、勉強でも遊びでも、思いついたときに取り組むことができる。けど、散らかっていると、たとえ自分の興味のあることでも、「まあ、今日はいいか」となりがち。**部屋が散らかっているだけで、物ごとを達成する力は大きく落ちてしまう**わね。

そうですよね。それに、部屋が散らかっていると、ストレスが溜まるから、それだけでもなんだか無気力になっちゃいますよね。うーん、どうしたら、子どもたちは片づけができるようになりますか。

「一緒に片づけよう」と声をかけるのがいいわね。「片づけをしなさい」と言ってもできないのは、「面倒くさい」ということもあるけど、「片づけの仕方がよくわからない」のかもしれないわ。やらないいんじゃなくて、途方に暮れてる、って感じかしらね。

あー、そうか。私もすごく散らかった部屋を見ると、どうしたらいいのかわからなくなることがあります。「どこから手をつけたらいいの……」って。

そういうこと。子どもたちも、そもそもの、取っ掛かりがわからないということはあるわよ。それに、捨てる捨てないの判断は、親がいないとなかなかできないから、小さいうちは一緒にやってあげる必要があるわ。少しずつ、親の手から離れるように意識することも大事ね。

ここでも、手をしっかりかけることが必要なんですね。

手をしっかりかけて、慣れてきたら、目をかける、に変えていくって感じね。

はぁ〜、こんなこと言ったら寅ちゃんに悪いかもなんですけど、なんだか、自己肯定感を育てるって本当に大変ですね……。

いいのよ、気持ちはわかるわ。だけどね、実は、大変さは、どんな子育てでも変わらないのよ。

でも、ここで手をかけなければ、少しは楽ですよね。

一時的には楽になるかもしれないけど、それでいつまでもお子ちゃんが片づけの仕方を覚えなかったら、将来的にはもっと大変になるわ。どこで、手をかけるかという問題よね。でも、疲れちゃったら、無理しなくていいわ。部屋が汚くても、死ぬことはないわ。

寅ちゃんみたいに、わかってくれる人がいるなら、まだ頑張れそうな気がします。

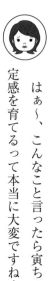

そう言ってくれて嬉しいわ。鈴ちゃんは1人じゃないし、全国の子育てをしている人は、みんな1人じゃないわ。つらかったら、**泣いても怒ってもいいから、全力でSOSを発信する**のよ。そんな姿からも子どもちゃんたちは、ちゃんと学ぶことがあるから心配ないわ。

それを聞いて安心しました。何か、人間として、「ちゃんと」していないと、子どもにお手本を示せないような気がしていたので。

つらいときに「つらい」と、なりふり構わず言えるのも、「ちゃんと」した人って、ことなんじゃないかしら。人間らしくていいじゃないの。

そうですよね！　よしっ、とにかく、子どもと一緒に粘り強く片づけをしてみます。

大人の素直さは、武器ね。鈴ちゃん、素敵よ！

ありがとうございます！　それにしても、やっぱり片づけは大切なんですね。

そうね。20秒ルールというのがあるの。

20秒ルール⁉　なんか、すごそう！

ハーバード大学の元研究者、ショーン・エイカーは、**物ごとを長続きさせるコツは、20秒以内で取り組めるようにしておくこと**だと言っているわ。

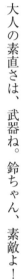

机の上の片づけをしておけば、宿題も20秒以内で取り組めそうですね。

そうね。だから、**習慣にしたいことは、20秒以内に取り組めるようにしておく**ことが、環境を整えることになるわね。ピアノに楽譜をセットしておくとか、勉強が終わったら次のために必ず鉛筆を削って置いておくとか、そんな工夫をするといいわ。

そう言えば、ランニングを習慣にしたい人から、玄関に着替えを置いておいて、帰ってきたらすぐに走りにいけるようにしている、と聞いたことがあります。あれもできるだけ早くスタートさせるための工夫だったんですね。

そうね。そして、これを逆に利用することもできるわ。

逆ですか？

人は、20秒以上かかることは取り組むのが億劫になる。つまり、**あまり習慣にしたくないことについては、20秒以上かかるようにしておけばいい**の。

うちはやっぱり、やり過ぎちゃっているゲームをなんとかしたいかな。

ゲームとの付き合いかたは、子育ての大きな心配ごとよね。ほどよく付き合えば、良い楽しみになるけど、そればっかりになると、物ごとを達成する力は落ちてしまう。ひどくなるとゲーム依存になってしまう危険もあるわ。

怖いですよねー！　そんなときは、具体的にどんな声かけをすればいいんですか？

「ゲームをしたあとは、必ず箱にしまおう」がいいわね。テレビゲームなんかは特にだけど、テレビにケーブルをつなぐわよね。ゲームをしたら、きちんとケーブルを外して後片づけをさせる。本体も箱に入れさせる、そうすれば、またはじめるときに、本体を箱から出してケーブルをつなぐのに、20秒以上はかかるわよね。

テレビゲームやスマホなど、依存が心配なものを購入するときには、事前にしっかりと約束をさせることが大切よ。いちばんは、使う時間と場所をしっかり約束させるといいんだけど、この「箱にしまう」もその約束の1つにするといいわ。もちろん、それでも、ゲームのすごい魅力をなくすことはできない。けれど、少なくとも惰性でなんとなくゲームをしてしまうという状態は防ぐことができるわ。

コードをつなぎっぱなしにしていたら、ダラダラやっちゃいそうですもんね。でも、なんと言って、約束させればいいですか？

特に理由を隠す必要はなくて、「やり過ぎを防ぐために、こんな工夫があるよ」という示しかたでいいわ。テレビゲームとうまく付き合うことは、今後、子どもちゃんに関わってくるスマホやＳＮＳなど、依存しがちなものとうまく付き合っていく練習にもなるわ。

そもそも、私がＳＮＳに依存しがちです……。

それなら、その**ＳＮＳのアプリを消すか、アプリを最終ページのフォルダの奥の奥に入れておいて、開くまで20秒確保する**といいわね。そうすれば、本当に必要なときにだけアクセスするようになるわ。

確かにそうかもしれないです。寅ちゃんのお話を聴いていると、子どもたちのゲームのやり過ぎも止めることができる気がしてきました。

あら、でもそれは、甘いわね。蜂蜜1リットル一気飲みより甘いわ！　1つの方法でそんな魔法みたいに解決したら、誰も悩んでないわよ。買う前にした約束だって、守れないときもあるわ。そんなときには、1つひとつじっくりと話をして、お子ちゃんと向き合っていく必要があるのよ。

でも、なんだかできそうな気がしているんです。

大甘よ！　お付き合いをはじめて間もないカップルくらい甘いわ！　まあ、でも、「やれそう」と思って、色々な子育ての方法にチャレンジしていくのは素敵よ！　まあ、やってみなさい。

やってみます！　私の活躍にご期待くださいね！

寅ちゃんの声かけ
達成力 ⑫

「片づけ、一緒にやってみようよ」

片づけができないのは、やりかたを知らないだけかもね。一緒に片づけながら、手取り足取り教えてあげることが大切よね。まずは手取り足取り、教えてあげること。

寅ちゃんの声かけ
達成力 ⑬

「すぐ、はじめられるように、しておこうね」

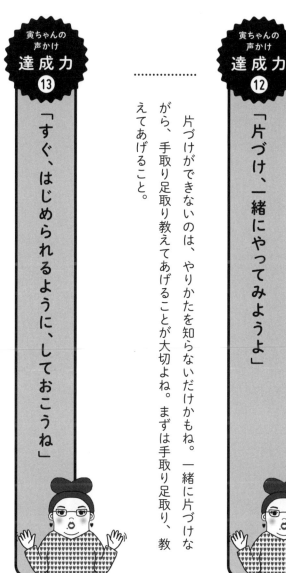

寅ちゃんの声かけ
達成力 14

「ゲームをしたあとは、必ず箱にしまうこと」

色々なことは、20秒以内にはじめられるようにしておくことで、取り組みやすくなるわ。まず、整理整頓が基本よね。

ゲームの魅力はすごいわ。でも、はじめるときに、少しだけストレスがかかるようにしておくと、少なくとも「なんとなくやっている」状態は防ぐことができるわ。

20秒以内に
はじめられるようにしておく

レッスン 8

「見通しが立たないと、途方に暮れるわよ」

——先延ばししないためには

寅ちゃんから教えてもらって、翔や凜と部屋の片づけをしました。20秒ルールもうまく使って、宿題に取り組みやすいよう環境を整えてみたり、あとは、ゲームを箱にしまうルールも話し合ったりしています。習いごとの練習がしやすくなったり、ゲームの時間も減ったりして、いい感じです。

でも、ぐぬぬぬぬ。うちの子、どうしてもやらないことがあるんです！

もぅー、はー、もー！

あら、鈴ちゃん。牛の真似なんかして、どうしたのかしら。全然似てないわよ！　やるなら、もっと、ンモー、グモモー、って感じ！　はぁ、神戸牛食べたいわね。

牛の真似をしてたわけじゃないんです。ため息をついてたんですよ。

あら、そうなのね。息を長く吐くのは、自律神経を整えるのにいいのよ。どんどん、ため息つきなさい。……もしかして鈴ちゃん。何か聴いてほしいことでも、あるのかしら⁉

……へへへ、実はそうなんです。

ちょっと、あなたね！　そういうときには、「悩みがあるから聴いてください」ってちゃんと言いなさいよ。そういうのは、すごく子どもに影響するのよ！　しあわせな親の子はしあわせそうに見えるじゃない？　あれって、モデリングって言われているの。**人間は大好きな人のことを見て、学んでいく**のよ。あなたの態度

は、「悩みがあったら、牛になれ」って言ってるようなものよ。

至極、ごもっともです……。

でもね、何か嫌なことがあったとき、お子ちゃんがふてくされたり、怒ったりして、暗にわかってもらおうとすることがあるでしょ？　そういう態度をみせたときは大チャンス。叱らないで**「それで、気持ちが伝わるかな」「あなたが本当に言いたいことは何？」と声をかけて、気持ちを言葉にさせる練習をする**といいわね。

確かに、社会人でもいますよね。自分の思いをふてくされた態度で表す人。そういう人と、誠実に言葉で伝えようとする人とでは、好感度は正反対ですよね。だからまず、私から誠実にならなきゃ、ってことですね。

そう、**人間と他の動物との違いは、言葉を操れること**。泣いてわかってもらおうとするのは、動物や赤ちゃんと一緒よ。でも、鈴ちゃんは牛になっちゃうくらい困った

ことがあるのよね。私もそういうときあるし、つらいのよね。よし、わかった。今日もじっくり話を聴かせて。

おおお、寅ちゃんー。おおおおおお……。

何よ、びっくりさせないでよ！　でも嫌いじゃないわ！　それでどうしたの？

この前、寅ちゃんが言ってくれたことを実践したおかげで、子どもたちも色々、取り組みやすくなったり、ゲームをする時間が少なくなったりしたんです。でもどうしてもダメなことがあるんです。

だから言ったじゃない。そう、甘くはないって。むしろ、それだけ結果が見えるほど順調なのって、ラッキーなほうよ。鈴ちゃんが**自分に期待するのはいいわ、でも他の人に期待し過ぎるのは良くない**わね。

他の人といっても、自分の子どもだから期待しちゃうのは当然じゃないですか？

適度に期待するのはいいわ。でも、期待し過ぎると、「思った通りに、子どもをコントロールしたい」ってことになっちゃうわ。自分のお子ちゃんだからこそ、**1人の人間として尊重したい**じゃないの。

1人の人間として、尊重か……。前もこんな話はあったけど、もしかしたら、私の「こうあるべき」って理想を押しつけていたかも……。

いまはまだいいけど、そんなふうにコントロールしちゃったら、もう少しお子ちゃんが大きくなって、それに気づいたときに、一気に鈴ちゃんから離れていってしまうかもしれないわね。

……絶対そうなってほしくないです。気をつけます！　寅ちゃんが言ってくれたことも「考えの1つ」「方法の1つ」って考えることにします。

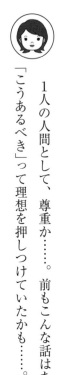

それがいいわね。でも、困っていることはあるのよね。「方法の1つ」を教えてあげることはできると思うから、良かったら話してみて。

助かります！　実は、翔が学校から帰ってきたあとに、明日の学校の準備を全然やらなくて困っているんです。何回も言わなくちゃいけないのが、本当に大変だし、イライラしちゃいます。それに、習いごとがある日は、あんまり時間がないから、寝る時間が遅くならないかと焦ってしまって……。

そうだったのね。翔ちゃん、帰ってきたら何をやることになってるの？

明日の準備だけなんです。すぐにやれば、30分くらいで全部できると思うんだけど、全然やらないから、時間が押しちゃって。それに、翔は、嫌なことを先延ばしにしがちなんです。

まあ、翔ちゃんの気持ちもわからなくはないわね。やっと帰ってきて、30分ほど面倒なことをやるのって、大人でもけっこう逃げちゃうわよ。

まあ、考えてみたらそうなんですけど。でも、毎日のことなので、正直、私がイライラしちゃうんです！

その気持ちも、もちろんわかるわー。「あんた、それ何回目！」ってなるわよね。じゃあ、そんな先延ばしへの処方箋をあげるわ。**「小さく見える化する」「最初のハードルを下げる」**よ。まず、最初にやるべきなのは「小さく見える化」ね。いい？ たとえば、鈴ちゃんが「ぐっちゃぐっちゃの、だだっ広い別荘を掃除してね」って言われたらどう？

だだっ広い別荘、ほしい！ でも、それは困りますね。だって、どれくらいの広さかもわからないし、どんなふうに汚れてるのかわからないから。それこそ、何から手をつけたらいいかわからなくて、先延ばしにしちゃうかも。

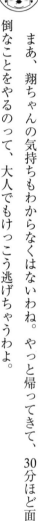

そう、**先延ばしになる原因は、こんなふうに「見通しが立たない」ことが大半**よ。だから、心の中で引っかかっていながらも、代替の行動を取ってしまうの。それで知らないうちに時間を使ってしまっているのよ。逆に言ったら、**見通しが立てば、やってみよう、という気持ちになる**わ。

なるほどです。でも、見通しってどう立てればいいんですか？

そうね、フランスの哲学者デカルトは「困難は分割せよ」と言っているわ。やることを分割するためには、まず**やらなければいけないことを全部書いてみる**といいわ。

やってみます。翔の場合だったら、帰って来たら、ランドセルを開ける、洗濯物を出す、宿題をする、予定表を見る、教科書や必要な物の準備をする、鉛筆を削る、すべてしまってランドセルを閉める、ね。

書いてみてどう？

なんだか、とてもスッキリしました。これだけでも、ただ「やりなさい！」って言ってたときより、具体的な声かけができそうです。

そうね。この**細かくしたことをホワイトボードに書いてあげて、できたら1つずつ消させるだけ**で、自分でできるようになるわ。これが「小さく見える化する」よ。毎日、いちいち書くのが面倒だったら、マグネットに書いて、できたら外させるっていう感じでもいいわね。

見通しが立つと、はじめちゃえば一気にできそうな気がしてきます！　でも、やっぱり、動き出すまでに時間が掛かりそうですね……。

そこでさっき言った2つ目の**「最初のハードルを下げる」**ね。最初のハードルさえ、下げてしまえば、先延ばしを防げるのよ。たとえば、**「帰ってきたらランドセル**

を机に置く」。これをさっきのホワイトボードの最初の項目にしてしまうの。最初のハードルは、カブトムシでもできそうなことを設定しなさい。

カブトムシ⁉　いや、カブトムシじゃ、ランドセルを机に置けないです！　でも、そっか、最初はすごく簡単にできることにして、流れをつくるんですね！

動くモチベーションに、達成感ってすごく大事なのよね。ホワイトボードに書いたことがいきなりできたら、それだけでちょっと嬉しいし、逆に他のも早くやっつけちゃいたい、って気持ちにもなるわよね。

確かに、**中途半端になっていたら気持ちが悪い**し、こんなに簡単にタスクが1つ終わったんだから、パッパとやっちゃおうかなって気持ちになるかも。

慣れてきたら分割の度合いを少しずつ大きくすると良いわよ。「予定表を見る」「教科書や必要な物の準備をする」「鉛筆を削る」を合わせて「物の準備」にするとか。

そうすることで習慣になれば、もう細かく言う必要もなくなるわ。もちろん、慣れてきても、たまに確認してあげて、「最初は何するんだっけ？」ときっかけを与えてあげることは必要だけどね。

分割のレベルを大きくしていくことが、習慣化につながるんですね、なるほど。

これは子どもだけじゃなくて、大人にも使えるテクニックよ。

私も同じようにチャレンジしてみます！。

そうね、そして無理しないことが大事！　自分を追い込み過ぎちゃうことが、子育てでいちばん気をつけなきゃならないことよ。二刀流の大谷翔平選手だって、３割打てるだけでも世界的スターよ。鈴ちゃんは、パート、家事、ＰＴＡの役員さん、ママ、妻……何刀流なの？　30点でいいの。頑張り過ぎ注意よ！

おおおおお、わかってもらえて、嬉しい！　おおおおおお……。

今日、なんだか鈴ちゃんのキャラが違うわね！　とりあえず、よく寝ましょう。

寅ちゃんの声かけ
達成力
⑮

「きみが本当に言いたいことは、何か教えて」

ふてくされたり、怒ったり。そうすることでわかってもらおうとするより、自分の思いをきちんと伝えたほうが、願いは叶うのよね。

寅ちゃんの声かけ
達成力 16

「やらなきゃいけないことを書き出してみよう」

全部書いてみると、すごく安心するわ。書くことで、見通しが持てる。「できそうだな」っていう気持ちがすごく強くなるの。

寅ちゃんの声かけ
達成力 17

「最初は、すごく簡単なことからやってみよう」

動き出すことが最優先。最初のハードルは、歩いてでも越せるものを設定

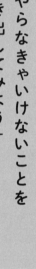

····

するのよ。むしろ、ハードルなんてなくてもいいかもね。

····

最初のハードルを下げて 先延ばしを防ぐ

最初のハードルは、カブトムシができそうなことくらいに下げちゃうのよ
カブトムシ!?

レッスン

9

「完璧にやることがすべてではないわよ」

――挑戦の価値を知るには

昨日は、寅ちゃんに自分の気持ちをたくさん吐き出しました。あと、寅ちゃんの勧めで、できるだけたくさんの時間、眠りました。そうすると、あら、不思議！　体力も気力も、すごく回復したような気がします。

寅ちゃん、私、元気になりました！

良かったわね。メンタルが不調な場合、実は身体もとても疲れていたってことが多いのよ、それをケアできたのが大きいわね。

それに寅ちゃんにも、たくさん話を聴いてもらえて、すごく楽になりました。

そうね。悩みは自分の中に溜まって、行き場がないときがいちばん苦しいの。だから、**悩みを誰かに話したり、泣いたり、怒ったりするときには、それが地獄のはじまりのように思えるかもしれないけど、実はもう出口に近い**ってことなのよ。

そうなんですね。これって、私のメンタルを安定させるだけでなくて、子育てにもすごく使えそうですよね。

そうね。お子ちゃんが、**何か悩みを抱えているときには、睡眠をじゅうぶんに取らせて、感情を思う存分、吐き出させてあげることが重要**よ。吐き出す内容が、ネガティブなことだと心配になるけど、**「地獄の出口はもう近い」と思って辛抱強く聴く**といいわ。

なるほど、思春期になる前に、そうやってきちんと関係を深めておきたいです。

そうできたらベストよ。でも、**思春期になって、子どもちゃんがよそよそしくなるのは、成長、と捉えるといい**わ。思春期の子には普通の会話だけじゃなくて、手紙やＬＩＮＥなんかで文字にして伝えるのも有効よ。親がメンタルを安定させて温かい雰囲気をつくることも大事ね。色んな手段で、少しずつ関係をつくれるといいわね。

急に距離を詰めようとしたり、極端な態度で何かを言ったりするのは、うまくいかなそうですよね。わかりました。いまから、色々試してみます。

そうね。失敗は気にせず、数を打つことよ。どれかの方法はヒットするんじゃないかしら。ちなみに、**達成力を高めるためにも、数を打つことは大切**だから、覚えておくといいわ。

私、ビジネスで成功している人たちに話を聴いてみたの。そこでだいたい共通していたのは「**10個考えたうちの、1個か2個が大きく成長した**」って話なのよ。つまり、

1つの成功の裏には、8個か9個、世に出なかったアイディアがあるってことね。

そうなんですか。私は、子どもの頃から、まず1つのことを頑張りなさい、って言われてきたので、正直ギャップはありますね。

そうね。全部雑でいい、って言っているわけではないけど、とにかくまず、自分の外側にアイディアを出してみることが大切なのよ。小説家を目指す人でよくあるのが、1つの作品を良くしようとするあまり、10年経っても、20年経っても、作品が完成しないってパターンね。それよりも、下手でも、ストーリーが崩壊していても、なんでもいいから、とにかく完成させましょう。それで賞レースに出してみたら、自分の現在地がわかるし、次の作品は間違いなく1作目より良くなるわ。それを10年間で10作品書けば、1つの作品に10年かけるより、成功の確率が上がると思わない？

確かに、そう言われると納得です。この場合は、1つ目の作品を早く完成させるのがポイントですね。それができないと「俺、才能あるし。やってないだけ」に逃げら

れちゃいますもんね。

本当にそうなのよ。ほとんどの成功者の人は、才能でうまくいったんじゃなくて、トライアル&エラーをできるだけ速く回すことで、うまくいくメソッドを発見したということよ。成功している人で、**成功の数より失敗の数が少ない人なんていない**んじゃないかしら。エジソンじゃないけど、10回中、9回失敗したとしても、「うまくいかない方法を発見できた」って考えるってことね。あと、成功には正直、運の要素も大きいわよ。くじを1回ひけるのか、10回ひけるのかだったら、断然後者のほうが当たるわ。

数を打つことで、成功につながる失敗ができるし、単純にチャンスも増やすことができるということですね。これを、子どもたちにはどう伝えたらいいですか。

「何回やってみる?」でいいわ。**目の前の結果より、まず単純に何回チャレンジできたかを強調したい**わね。たとえば、ピアノの曲を上手に弾けるようになりたい場合

だったら、「今日、何回、最後まで練習する?」「10回」とやりとりして、とにかく10回は、最初から最後までさらうといいわ。全体を10回もやれば、苦手な部分がはっきりしてくるから、「じゃあ、明日はこの苦手なところを10回」みたいに。

最初に全体を押さえて、細かくする……。あれっ、この前の、ハードルを下げるために「小さく見える化する」という話とは、正反対では?

「小さくする」と「数を打つ」は両方とも、見通しを持つために必要なことなのよ。あんまり、小さくし過ぎると、「これ、いつ終わるんだろう」となってしまうし、数を打ち過ぎてもいつまで経っても完成度が上がらない。だから、この2つのバランスを取るといいの。

そうか、「数を打つ」ことも、見通しを持つことにつながっていたんですね。確かに、とにかくやってみることで物ごとの全体がわかるってことありますよね。

もっと抽象的な話で、人気者になりたい、ってことなら、「何回、優しい行動をしてみる？」とかね。優しい行動をしても、「優しい」と思う人もいれば「何も感じない」「大きなお世話」と感じる人もいる。それなら、まず質は深く考えずに、数を打てばいいわ。

これは、よくわかります。ただ、うちの子たち、失敗に弱いんです。まず挑戦を後押しするような言葉があるといいんですけど。

それなら、**「挑戦しても成功できるとは限らない。でも、確実に成長できる」**はどう？　これは、サッカー選手の本田圭佑さんがインタビューなどでもよく使われている言葉よ。失敗するかもしれないし、その失敗の経験はほろ苦いかもしれない。でも、確実に成長につながっていく。そして、**成功はその成長の先にある**。

本田選手も、サッカー以外の色々なことにも挑戦されていますよね。うまくいかないこともたくさんあったのかもしれないけど、全体で見たら本田選手は、すごく達成

力が強い印象です。**挑戦は、失敗しても無駄にならない**で成長につながっているんだと思うと、勇気が出ますね。

もっと言うと、私たちがやっていることに無駄なことなんてないわ。**自分が無駄だと思う時間も含めて、すべてに意味がある**から安心しなさい。

急に、深いです。そのあたりは、時間をかけて理解していきたいです……。話を元に戻して、失敗も成長につながるってことにすごく励まされるんですが、でもでも、やっぱり人の目が気になっちゃうときってないですか？

お子ちゃんじゃなくて、鈴ちゃんに置き換えて考えているのね。でもそれでいいわ。いままで多くの人を見てきたけど、**親の自己肯定感が高いと、子どもも自己肯定感が高くなる**。これはかなり鉄板の法則だからね。わかったわ、じゃあ、ここはスポーツつながりで大リーグで活躍している大谷翔平さんの言葉を紹介するわ。大谷さんは、二刀流については色々な意見があるけれど、自分がしっかりやっていればそれ

でいいのかなと思っている、というようなことを言っているわ。

大谷選手ほどの活躍をしても、色々と言われることもあるんですね。

そうよ、むしろ、活躍すればするほど、多くの人の目に触れるようになるから、反対の意見を聞く機会も増えるのよ。

つまり、**どんなに成功しても、批判的な意見から離れることはできない**んですね。

むしろ、批判的な意見が聞こえてくるのは、成功しているから、とも言えるわね。もちろん、色々な可能性を考える必要はあるけど、全員の意見をじっくり吟味《ぎんみ》していたら、心が壊れるほうが先になるかもしれないわね。**「そういうもの」と割り切ることも大切**よ。

大谷選手は**「自分がしっかりやっていればそれでいい」**と言っているんですね。

そうよ。何かに挑戦するときには、**他人にフォーカスすると、苦しくなる**わ。逆に、「この挑戦は自分にとってどんな意味があるのか」「どんな成長が待っているのか」と自分にフォーカスすれば、ネガティブな感情は消えるわ。

いま、自分が何をすべきかに注目すればいいんですね！

結果や人の評価はあまり気にせず、今日やるべきことをしっかりとこなして、充実感とともに夜は布団に入ればいいわ。それをくり返していくことで、物ごとは達成に近づいていくはずよ。

すごい！　なんだか、どんどん挑戦したい気持ちになってきました。それにしても、スポーツ選手の言葉は力がありますね。

スポーツ選手は、達成力の申し子みたいなものだからね。子どもちゃんにとって

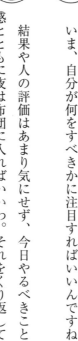

も、憧れの対象になりやすいから、名言を検索してストックしておくと、子育てに使えるものも多いと思うわ。

さっそく、検索してみます。「スポーツ選手　名言」っと……。おお、なんだか勇気をもらえるものばかり！　寅ちゃん、こんなにたくさん……あれっ、寅ちゃん、どこに行ったかな。検索に夢中になり過ぎてたわ……。寅ちゃん、戻ってこないな……。「寅ちゃん」検索っと……。えっ、出てくるの⁉　それにこれって‼

寅ちゃんの声かけ
達成力 18

「何回やってみる？」

結果よりも、数で評価してあげることも大切よ。下手でもなんでも、とにかく1回最後までやってみることで、学べることがたくさんあるの。

寅ちゃんの声かけ
達成力 ⑲

「挑戦すれば、必ず成長できるよ」

挑戦したことで、成功するか失敗するかはわからないわ。でも、成長することは約束されているの。成長の先にある成功を迎えに行きましょう。

寅ちゃんの声かけ
達成力 ⑳

「きみがしっかりやっているなら、それでいいんだよ」

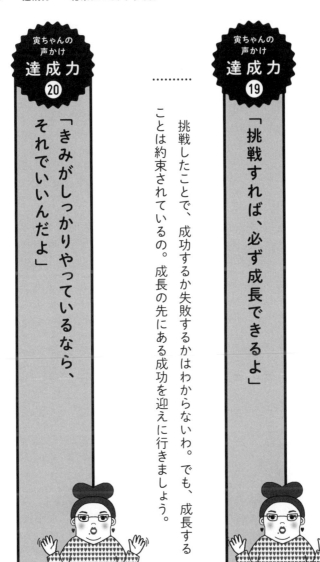

挑戦するときには、人の目ばかり気にしないで。自分にとっての意味や、自分の成長に注目できれば、前向きなチャレンジになるわ。

数を打つと、達成力は上がる

レッスン

10

「大舞台で逃げたくなるのは当然よ」

──プレッシャーに勝つには

「寅ちゃん：元横綱、寅《とら》ノ《の》茶《ちゃ》羽《ば》。相撲の常識を覆す大技、「逆立ち投げ」が有名。普段着にまわしを締めるスタイルで、一世を風靡した。引退後、十数年、教壇に立つ。教育評論家「寅ママ」としてもテレビ出演多数。その後、相撲部屋「寅ノ部屋」を開設。弟子、14名を抱える。自己肯定感を上げるメソッドと珍妙な薬で、弟子たちは連戦連勝。心臓麻痺を起こし現在は意識不明だが、そのうち生き返る予定。弟は芸術家の寅☆ポン」

ただいまー。急な腹痛で、トイレに行ってたわ。心配した？

幽霊なのに、トイレ行くんですか⁉　それより、寅ちゃん！　元横綱の寅ノ茶羽だったんですか⁉　私、相撲、大好きなんです。確かに、すごく顔が似てると思ってました！

あら、そうよ。まあ、昔の話ね。

すごいです！　それに14人の子って、お弟子さんだったんですね。

そうなのよ、かわいいあの子たちが待ってるから、早く生き返りたいわね。

そうなんですね。それにしても、横綱って、すごい！　そう言えば、寅ちゃんは取り組みのときに緊張しませんでしたか？　実は、私も翔も凜も、すごく緊張に弱くて……。やっぱり、寅ちゃんみたいに生まれながらにメンタルが強い人が、そうやって成功していくんでしょうか。

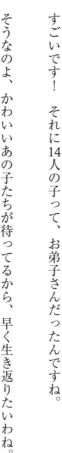

何言ってんのよ。私なんて、ものすごく緊張するタイプよ。乗り越えかたを知ってるだけ。そうね。じゃあ、今日は緊張との付き合いかたについて、話していこうかしら。ちなみに、「達成力」の話は今日でおしまいよ。

え、そうなんですか。意外と短かったような。

そうね。でも、いままで鈴ちゃんに教えたことができれば、達成力の基本的な力はついたと思っていいわ。ただ、これだけのことでも、言うは易し行うは難し。ゆっくり地道に実践していきましょう。

さて、鈴ちゃんや、子どもちゃんは、どんなときに緊張するの？

うーん、大勢の前で何かをやるときですかね。たとえば、ＰＴＡの集まりでみんなの前で話さなくてはいけないときとか。子どもたちはサッカーの大会とか、学校の音楽会で、緊張して普段の力をあまり発揮できないようです……。

それは確かに緊張するわね。

掌に「人」っていう字を書いて呑み込んだり、周りの人を野菜だと思おうとしたりするといいとアドバイスをしているんです。でも、全然緊張が取れないようで。

その方法はあまりいい方法じゃないわね。たとえば、そうね。じゃあ、鈴ちゃん、いまから1分間、シロクマのことは絶対に考えないでね。いい？　絶対、シロクマのことは想像しちゃダメ。鈴ちゃんの頭の中にシロクマなんかいない。シロクマを考えないように、全力で頑張りなさい。

は、はい、シロクマのことは絶対考えません。可愛くてモコモコのシロクマのことなんて絶対忘れます。考えない、考えない、忘れるのよ、鈴！　……ガッデム！　忘れようとすればするほど、かわいいシロクマのことばっかり、思い浮かんでしまうんですけど！

これは、有名な「シロクマ実験」というものよ。忘れようとすればするほど、忘れられないでしょ。緊張も同じなの。**「緊張なんてしてない、忘れよう」と、思えば思うほど、脳はより強力に緊張してしまう**のよ。

確かに。でも、じゃあ、どうすればいいんですか？

「私は緊張している」と認めるといいわ。

え、認めちゃうんですか？

そうね。そうすることで、脳のなかで、さらに緊張が増幅するのを止めることができるわ。そして、**「緊張していても、できることを頑張ろう」と思う**ことよ。

緊張していてもできること？　たとえば、どんなことですか？

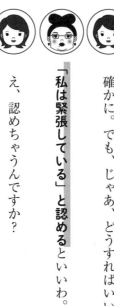

「上手に話そう」とか、「結果を残そう」とか考えると、ハードルが上がってしまって、緊張が増すわ。「前を向いて話そう」とか、「その場にいよう」とか、**緊張していてもできるような、ハードルの低いことを目標にする**の。そして、「できてる、できてる」と思いながら時間を過ごしていくと、いつの間にか緊張はほぐれているわ。

緊張から逃げないで、むしろ向き合うことが大切なんですね。

その通りよ。ピアノの発表会とかで、舞台袖から、ちょっとだけお客さんを見ると緊張するわよね。

それは、すごく、すごく、緊張しそうです。

でも、ちょっとじゃなくて、じっくり見てみたらどうかしら。みんなが得体の知れない敵じゃなくて、当たり前だけど、どこにでもいる人間だってわかるし、自分を応援してくれている家族だっている。「失敗したって、堂々とチャレンジできさえすれば、家族は認めてくれる」って思い出すかもしれないわね。

なるほど、確かに**緊張すると、全部が恐怖って感じになるけど、でも、実際はそうじゃないってことを知る**わけですね。

そうそう。ことわざでも「幽霊の正体見たり枯れ尾花」ってあるでしょ。だから、たとえば、立場が上の人や、緊張しちゃうような人と話すときは、あえて、相手の目をしっかりと見なさい。見つめちゃえば、逆に落ち着くから。

なるほど、逃げなければ落ち着く……。やってみます！

それと、**「緊張は良いものだ」と思う**ことも大切ね。

緊張は良いもの？　緊張するとガクガク震えちゃったり、頭が真っ白になってし

まったりして、自分の力が発揮できなくなっちゃうから、良いものとは思えないんですけど。

そうね。緊張し過ぎると、そうなってしまうわね。でも、そんな過度なパニックは、さっき話したように、緊張とちゃんと向き合うことで、避けることができるわ。それに、全然緊張しないのも良くないわ。まったく緊張しないってことは、その場の大切さを忘れてしまっているってことだから。全然緊張しないと、なんとなくやって、なんとなく終わって、あとで後悔……なんてパターンもあるわね。

そうか、**緊張してるってことは、いままで大切に頑張ってきた証拠**ですもんね。

いいこと言うわね。だから適度に緊張している状態がいいのよ。コップ1杯のお水を運ぶときだって、何も緊張していないで適当に運ぶより、適度に緊張しているほうが慎重になって、こぼさないわよね。そしてね、「緊張がパフォーマンスを良くする」と信じている人は、そうでない人と比べて、実際に成果が上がるの。科学的にも証明

されているわ。

ええ⁉　信じるだけでいいんですか？

信じればいいのよ。だから、**緊張してきたら「おっ、緊張してきた。いいぞ、これで本番をちゃんと慎重に行える」って思うのがいい**かしらね。

そうなんですか。いままでとは逆の考えで、目からコンタクト……鱗です。**緊張は「逃げないで向き合う」、「むしろプラスだと思う」で、乗り越えていけそう**な予感がしています。

脳科学者の茂木健一郎さんは**「場数を踏む」のも緊張には有効**だと言っているわ。なんでも経験よね。

やっぱり、チャレンジですね！　ただ、まだ不安なことがあって。本番で、予想外

のことが起きたときにうまく判断して、機転が利かせられるか……。

そうね。予想外のことについても、**逃げずにしっかりと問題を見つめて、自分がどう行動するか判断していく**ことが基本ね。

ここでも逃げずにちゃんと見ることで、冷静になれるし、正しい判断もできると。

まあ、正しい判断をしようとすると、ハードルが上がるから、**「正しい判断はできないかもしれないけど、全力を尽くす」「うまくいかなくても、最後まで立ち向かう。そうすれば後悔はしない」**くらいに思っておくのがいいかもしれないわね。

子どもたちにもそう思って、本番に臨んでほしいです。うまくいかなくても、そのほうが成長につながるはずだから。

うんうん、そうよね。それに、その「子どもたちにも」って、考えかたはいいわ。

鈴ちゃん、大切な本番でも、**判断に迷ったときは、自分の子どもだったらどうしてほしいか、って考えて行動するといい**わよ。

子どもは自分にとって大切な存在だから、それを自分ごとに置き換えることで、自分のことを大切にした行動を考えられるというわけですね。なるほど。

自分の悩みって、なかなか落ち着いて考えられないときもある。でも、「自分の子どもが同じことで悩んでいたら、どんなアドバイスをするかな」って考えると、自然に客観的な視点を入れることができるの。「あれっ、悩んでいたことってそんな大したことじゃないかも」って思えることも多いわ。

いい意味で「他人ごと」にしちゃうと、冷静になれそうです。

そうね。さて、これで「達成力」のお話もおしまいね。次からは「仲間力」よ。

「達成力」をつける方法が理解できました！　あとは実践あるのみ！　まず、どんどん声かけしてみます！　「仲間力」も楽しみです。……ところで、寅ちゃん、いや寅ノ茶羽さんのサインと手形をもらってもいいですか？

サインと手形ね、お安い御用よ！　……って、私、幽霊だから、ペンが持てないわ。

困りましたね。寅ちゃん、幽霊であることをいったん忘れてみてください！

そうね！　やってみるわ！　私は幽霊であることを忘れる、忘れる、忘れるのよ!!
……ガッデム！　おかしいわ！　忘れようとすればするほど、全然、忘れられない！

これ、さっきやったシロクマのやつです！

寅ちゃんの声かけ
達成力 21

「緊張していても、できることを考えてみよう」

緊張を消そうとするのは逆効果。緊張している自分をしっかり認めることが大切よ。緊張していてもできることに、目を向けましょう。

寅ちゃんの声かけ
達成力 22

「いい緊張。いい力を発揮できるよ」

「緊張は、自分の力を発揮させる」と信じている人は、実際にパフォーマンスが向上しているの。むしろ、本番でまったく緊張しないほうが危険よ。

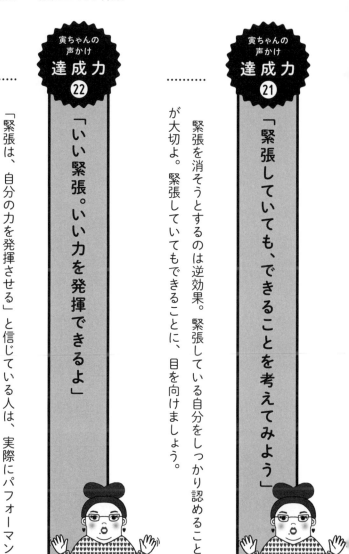

寅ちゃんの
声かけ
達成力
㉓

「友だちが同じことで悩んでいたら、きみはなんて言う？」

悩みを客観的な視点で捉えるには、「他人ごと」にしてしまうといいわ。
本番で急に、冷静な判断を迫られたときにも効果的よ。

緊張する相手と
話すときは、
しっかり目を見る

第3章

仲間力

——

他者と良い関係を築く力

レッスン

11

「本気の覚悟は強いのよ」

——いじめを回避するには

はい、サインと手形。

ありがとうございます！　でも、幽霊だから、ペンが持てないんじゃ……。

あ、ちょっと、私を写メで撮ってみて。

え、はい。カシャッ、と。あっ、体の右側が3分の1くらい写りました！　う、これは、正直、怖いですね。心霊写真みたい。なるほど、3分1くらいは体が自由に使えるようになったんですね。良かったですね。

きっと、鈴ちゃんに「達成力」を教えたからじゃないかしら。「仲間力」と「感情力」も伝えられたら、体がいい感じに全部戻ってくるのかもね。

光に包まれて生き返る、とかじゃないんですね。ネットにもなぜか「そのうち生き返る」って、書いてあったし。体が戻るよう、今日も自己肯定感の上げかたを教えてください。今回からは本格的に「仲間力」ですよね。

そうね、ここからは「仲間力」について話していくわ。**「仲間力」っていうのは、社交性。あるいは、人に敬意や思いやりを持って接し、良い関係を築く力**のことよ。

みんなと仲良くする力ってことですか？

この世の**全員と親友のように仲良くなることはできない**わ。でも、**お互いの接点で、うまく付き合っていく力は必要**ね。たとえるなら、電車。電車には色んな人が

乗っている。席を譲ったり、ちょっとしたことを話したりして、少しだけ関わる人もいる。一方で、ただその場にいるだけの人もいる。車内ではみんな、基本的に好きなように過ごせばいいけど、大声のお喋りや、イヤホンの音漏れなんかには気をつけるわよね。乗っているみんなが、気持ち良く目的地に着けるようにする。そうした配慮が仲間力ね。

そう考えると、簡単そうですね。それは当たり前の配慮ですもんね。コミュ力とか言われているようなものより、もっと最低限のことというか……。

まあ、そうね。でも、どうかしら。たとえば、赤ちゃんが泣いているのに無関心な親がいるとする。そこで誰かが辛辣な言葉をかけたら、車内の雰囲気は一気に殺伐とするわよね。人生という電車には、そんな難しいシーンも多いからね。

赤ちゃんが泣くのは自然なことだと誰もが理解しているはず、という前提がある。でも、何かの拍子におかしなことになる。そういうことはありますね。人生という長

距離列車なら、もっとアクシデントが起こりそう。

ややこしい場面で、相手と仲良くなる必要はない。でも、お互いが嫌な気持ちにならないように切り抜けられたらいいわよね。「仲間力」があれば、そうできる。でも、トラブルを大きくしたり、ずっと気にしてばかりいたらどうかしら。

それは、自己肯定感が落ちちゃいますね。私、電車なんかで知らない人に舌打ちされただけでも、けっこう落ち込んじゃいます。そして、落ち込む自分にも自己嫌悪するんです。うまく乗り越えられれば、自分をもっと好きになれるかも。

仲間力をつければ、むしろうまく乗り越えて、自分に自信が持てるわよ。

それはいいですね！　仲間力、すごくつけたくなりました！　じゃあ、いきなりなんですけど、寅ちゃんが知らない人から突然舌打ちされたら、どうしますか？

笑顔でスルーするわ。だって**「私は無敵」**だから。

確かに、寅ちゃんは腕っぷしも最強だし、無敵ですよね。でも、私は力もないし。

鈴ちゃん、無敵っていうのは、最強って意味じゃないわ。**無敵は「敵が無い」って書く**でしょ。「この世の中に私の敵になる人はいない、みんな仲間」って考えている状態ってこと。

「無敵」……。そうか、よく考えればそういう漢字ですよね。でも、理由もなく舌打ちしてくる人なんて明らかに敵じゃないですか。

全然、敵じゃないわ。舌打ちだけなら実害はないし。その人も何か嫌なことがあったのかもしれないわね。

嫌なことがあったからって、人に迷惑をかけていいわけじゃないですよ。

それはそうね。でも、それとは別に、鈴ちゃんは舌打ちされたというできごとを、心の中で、もっと大げさにしてしまっているんじゃないかしら。それで楽しいならいいんだけど。

楽しいわけありません。それでも、怒りが！！！

まあ、２パターンよね。「あの人も大変だな。まあ、私もイライラすることもある。そういう意味では、あの人も仲間」と考えて、**忘れる**。それか、どうしても許せないなら、**敬意を忘れず、その人に言いたいことを伝える**。伝えることには、リスクやデメリットもある。そうわかっていても、言わなきゃいけないときはあるからね。

リスクやデメリットはなんですか。

極端な話だけど、その人が激昂することもある。そこまででなくても、やりとりの

なかで、舌打ち以上に嫌なことを言われるかもしれない。

うーん、それなら、舌打ちくらい、忘れたほうがいいですよね。でも……。

まあ、気持ちはわかるんだけどね。ただ、やっぱり落ち着いて冷静に考えれば「無敵」のほうがしあわせになれるわよ。それでも、どうしても怒りがおさまらないときもあるわよね。そんなときには、**緊急避難策として、こう思ってやればいい。その人を「テレビのなかの人」だと思う。あるいは、「柵のなかの動物」だと思う。**でも、この考えは「仲間力」でいちばんの基本となる「無敵」の考え、つまり相手を仲間だと思って尊重するという考えとは真逆になってしまうの。だから**あくまで、感情の緊急避難の手段**と考えて、使うといいわね。

そっか、相手を変わった人だと思ったり、動物だと思い込もうとすることって、自分が溜飲を下げるために、人を見下すような行為ですもんね。そんなことばかりしていると、逆に自己肯定感、下がりそう。

「見下す」って行為は、上から下を見ているようだけど違うのよ。本当は、自己肯定感が低く、満たされていない人が、上を見るときにしか、しないことなの。**気持ちが満たされている人は、上や下なんてことは考えない**わ。

そうか、そうですよね。反省です。

ただ、人間だもの。そんな簡単に聖人になれないわ。だから、ときには無理せず、さっきみたいに考えて心のバランスを取ることは全然ありだと思う。言わなければ、相手を傷つけることもないしね。「無敵」ができない自分に対して自己肯定感を持てなくなってしまったら、それこそ意味がないんだからね。できないことを嘆くより、できないことを経験できたことを喜びましょう。

「達成力」でも学んだことですね。そうすると、「仲間力」は「達成力」と重なる部分がありますね。それにさっきの怒りを抑える方法は、「感情力」にも近いってこと

になりそうですし。

鈴ちゃんの言う通りよ。**「達成力」「仲間力」「感情力」は1つひとつで成立するものじゃなくて、全部が少しずつ混ざり合って自己肯定感になっていく**の。だから、「達成力がついてきたら、仲間力も上がった」なんてこともあり得るわね。

なんだかお得な感じ！「無敵」を目指せば、舌打ちの件はスルーでいいかなって、思えてきました！　でも、しつこいいじめや、嫌がらせはどうしたらいいですか。

いじめを受けないようにする心構えがあるわ。それは、**人間関係は無傷でいけると思わないこと**。いじめをする人は、自分には害が及ばないと思うから、人をいじめていても平気なの。自分は無傷だと思っているから、どんどんひどくなることもあるわね。だから、放っておくのは良くないの。

やられてばかりいるんじゃなくて、抵抗しなくちゃいけないんですよね。

そう、でも**抵抗の仕方で失敗することが多い**わ。ちょっと相手に嫌味を言ってみたり、不機嫌な態度でわからせようとしたりね。これでは、さらに、相手の神経を逆なでする。そうして、いじめや嫌がらせがエスカレートすることにもなる。

放っておいても、抵抗しても、いじめがひどくなるなら、どうしたら……。

時には、**自分が傷つくことをも覚悟して相手に伝えることが大切**よ。

たとえば、どんな感じですか？

相手に言い返すときに、「自分が悪者になっても、相手から何を言われても、できるだけ相手に抵抗する」、なんなら「刺し違える」くらいの気持ちで挑むこと。もちろん、暴力を勧めているわけじゃなくて、たとえよ。そうすることで、あなたの評判も落ちるかもしれないし、その言葉がきっかけでさらに相手から責められて傷つけら

れるかもしれない。こちらはダメージを100受けても、全力で10くらいは相手に抵抗するようなイメージ。

壮絶ですね……。でも、いじめをする人はそもそも強いし、弱い自覚のある私が抵抗するなら、それくらい頑張らないとダメなのかな。

もちろん、色々な仲間力を身につけて、そんな事態にならないのがいちばん。でも、そうなってしまったら、中途半端はすごく良くないの。全力で抵抗すれば「これは無傷でいられない」と相手も気づくはずよ。

こんな壮絶な話もあるわ。私が小学校の頃、クラスに少しいじめを受けていた子がいたの。ある日、机を持ち上げて、椅子を投げて、叫びまくって、すごいキレかたをしたことがあったわ。その子は、その日以来、いじめられることはなくなった。確かにその後、その子に対して「キレたら怖い」とか「少し距離を置こう」なんて声も短期的にはあった。でも、長期的にはみんなとうまくやっていけたの。

こういうのが、きれいごとなしの現実なんですね……。「キレたら怖い」っていう評判はつらかっただろうな。それでも、その子はいじめられなくなったんですね。

そうね。その子がその後、キレることはなかった。「無敵」に近いスタンスで、人に接することができる子だったから、最終的にはクラスの人気者になったわね。

この、自分が傷つくことも覚悟して抵抗することも、ある意味、緊急避難的な行動ですよね。長期的に考えれば、良くなるっていう。

そうね。だから、基本は「無敵」の考えに基づいて、どんな相手も尊重する。でも、それに付け込んでくる人がいたら、自分も傷つく覚悟を持ってでも、きちんと伝える。いじめられていなくても、子どもちゃんにはこの考えをしっかり理解させておきたいわね。そうすれば、普段から「この人にはこれ以上やると良くない」と感じさせるオーラを出せる子になる。

そうか、小さな言い合いでも、傷つくのが怖いし、言い合いも嫌だから、そういう場面を避けがちだけど、それがアンバランスな人間関係につながることもあるんですね。でも、**「ときにはお互い傷つけあっても、大切なものを守る」**って思っていれば、普段からそういう雰囲気が醸し出せる。

もちろん、それをしないから、いじめをされるほうが悪い、なんてことを言ってるわけではないわ。こういう自衛策があるわよ、ということね。この考えは、いじめとは関係なく、良い人間関係を維持するために必要で、鈴ちゃんに対しても私は、**「自分が傷つくことを恐れないで」コミュニケーションを取っている**つもりよ。鈴ちゃんの場合は、旦那さんや子どもちゃんたちに対して、そんな姿勢が必要かもね。

わかったような、わからないような。「仲間力」、初回から濃い内容ですね！　全部はとても理解できなかったけど……それでも、なんか燃えてきました！

それでじゅうぶんよ。萌え萌えで行きましょう！

「もえ」違いですよ。

寅ちゃんの声かけ

仲間力 3

「きみには敵なんていないんだよ」

敵がいない「無敵」になれたら、最強よ。そう思って行動すれば、仲間は増えるし、何より自分の心が満たされていくわ。

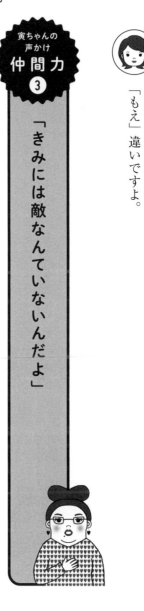

寅ちゃんの声かけ

仲間力 4

「むかつく人は、テレビのなかの人だと思えばいい」

納得できないことが起きたときに、冷静さを取り戻せるわ。人を見下すのは良くない。でも、心を守るために、そう思ってみるのもいいかもね。

寅ちゃんの声かけ

仲間力 5

「どうしてものときは、傷ついても立ち向かう覚悟を持って」

相手と刺し違えるぐらいの気迫が必要なときもある。その覚悟は相手に伝

……

わるわ。そうして状況が変わるという現実も伝えておきたいところね。

……

人間は関係は無傷ではいけない

レッスン
12

「多様性の時代も、見た目は大事よ」
――第一印象を良くするには

前回からはじまった「仲間力」のお話は、スタートから衝撃的でした。「誰も敵なんかではない、みんなが仲間」と思う一方で、でもどうしても嫌なことは、自分も相手も傷つくことを恐れずに、はっきりと伝えていく。両方の考えを持つためには覚悟が必要だし、またそれをうまく切り替えていく判断力も必要だと思いました。

前回の話は難しかったです。まだ自分のなかでしっかり整理できていません。

前回の話は「仲間力」が目指すゴールの考えかたよ。これからまた、色んな角度で

仲間力について話していくから、まずできそうなことから試してみるといいわ。

あっ、それなら前回のお話からも実行できたことがあります！　**嫌なことがあったときは、その場ですぐ言うか、忘れる、**ということです。気になったことは、とりあえずその場で言うようにしています。そこで言えなかったことを完全に忘れるのは無理だけど、気にしないように努力しているんです。

素晴らしいわ！　あとから、「○○すれば良かった」とずっと悩み続けることで自己肯定感は落ちる。**反省はするけど後悔せず、**ってスタンスがベストね。

ですね！　こういう対処法もいいけど、でもやっぱり、私はトラブルを引き寄せないようになりたいです。第一印象程度しか相手のことがわからない初対面のときからすでに、トラブルが多い人と、逆にうまくやっていける人が、分かれている気がするんです。どうすれば、第一印象を良くできますか。

簡単に言うなら、**「道を尋ねられる人」を目指す**ことかしら。鈴ちゃんが「道を尋ねたくない人」ってどんな人？

うーん。怖そうな人は嫌です。あと、だらしのない格好をしている人は、不安かな。

じゃあ、どんな人だったら安心？

優しそうで、身なりに清潔感がある人がいいです。

そうよね。道を尋ねるときには、相手のことをまったく知らないわけだから、怖い思いをする可能性もゼロじゃない。だから、**トラブルが起きずに済みそうな人を無意識に選ぶ**わよね。これが、第一印象が良い人ってことなのよ。

確かにそうですね。どうすれば道を尋ねられる人になれるんでしょうか。

見た目よね。と言っても、生まれついた容姿なんて全然関係ないわ。**「清潔感」と「中央値」**。この2つを意識できれば大丈夫よ。

ええっと、どういうことですか。まず清潔感って、言葉はわかるんですけど。

清潔感は、見た目を良くしようとする努力のすべてから醸し出されるものよ。生まれ持った外見は、清潔感には関係ない。髪型が整っているか、顔は脂ぎっていないか、眉は整っているか、男性なら無精ひげになっていないか、爪は伸びていないか、服はくしゃくしゃではないか、靴は汚れていないか、匂いはないか。まあ、この辺りができていれば一応はオッケーね。

なるほど、もともとのルックスが関係ないなら頑張れそうです。基本、**朝、しっかりと身だしなみを整えれば清潔感は保てる**ということですもんね。ただ、髪の毛を珍しい色に染めていて、アクセサリーをたくさんつけている人だって、見た目を努力し

ているし、清潔感があるかもしれないけど、なんとなく避けちゃうかも。

そうね。さっき言ったもう1つ、**中央値についても意識する必要があるの。コミュニティーのなかで過半数以上を占めているスタイルを目指すということ**ね。たとえば、お子ちゃんの小学校なら黒髪の子がまだまだ多いだろうし、アクセサリーもほとんどの子がつけていないから、それが中央値ということになるわ。パンクバンドのライブ会場なら、髪を染めていて、アクセサリーもたくさんつけているほうが中央値かもしれないわね。

確かに、優しそうとか安心できそうって、自分のなかでの中央値に近いかどうかで決めているのかもしれないですね。ニコニコしている人でも、自分にとっての中央値から離れている人は正直、少し怖いと思ってしまうことがあるかもしれないです。それって私の偏見だから、もちろん、そうなりたくないけど。

鋭いわね。結局、**初対面ではその人の性格まではわかりようがないから、清潔感**

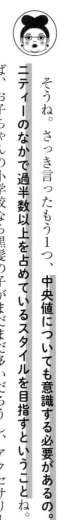

と、自分に馴染みのあるスタイル、つまりは中央値に近いかどうか、で判断しているのよ。それはある意味、自分を守るためにも仕方のないことなのかもしれないわ。

大人の私は寅ちゃんの説明がよくわかったんですけど、子どもたちに伝えるにはどうしたらいいんでしょうか。凜は、まだおしゃれに興味があるけど、翔は身なりにまったく無関心だから……。

玄関に鏡を設置して、お出かけする前に、身だしなみをチェックするくせをつけるといいわ。私が教師をやっていたときは、教室の入り口に鏡をつけていたわ。

それはいいですね。鏡を見れば、他の人からどう見えているかがしっかりわかりますね。玄関なら、出かけるときに必ず通るから声かけもしやすいです。

子どもたちにはこんな話もしていたわ。**「人間はもちろん中身が大切よ。でも、中身が立派な人になるには時間がかかる。そんなときでも身だしなみや服装を整えてお**

けば、それは自分を守る鎧になるのよ」ってね。

ファッションや身だしなみって、人間関係が得意な人たちにとってのプラスアルファの武器っていう印象がある。でも、私は**人間関係が苦手な人ほど、まず身だしなみから整えるのがいい**と思っているわ。

第一印象が悪かったら、スタートからつまずいちゃいますもんね。

服のことは、よくわからないなら、店員さんに「お勧めはなんですか」と聴けば中央値に近いおしゃれなものを用意してくれる。眉は美容室で整えてもらえるわ。コミュニケーションは、正解が難しい場合もある。でも、**第一印象の正解はほぼ決まっている**から、結果につながりやすいのよ。

見た目の大切さが、よくわかりました。もういちど、「清潔感」と「中央値」で見た目を考えてみます。そこから外れて個性を出したいときはどうすればいいですか？

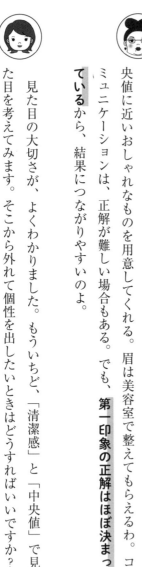

個性を出したいと思えば、出せばいいのよ。ただ、「これは少し清潔感がなく見られるかもしれないな」とか「かなり中央値とは外れているな」という自覚は持っておくといい。そうすれば、人との関係を大きく崩すようなことはないわ。お子ちゃんが奇抜なスタイルを選ぼうとしていたら、**「これは○○の人たちにはうけるかもしれないけど、学校では引いちゃう子もいるかもしれないね」と、メリットとデメリットを伝える**といいわね。

親から見て、嫌だと思うスタイルを選択している場合も同じ。メリットを伝えたうえで、デメリットを話し、「そんな良くないことが起きたら、私はとても悲しいな」と気持ちも合わせて伝えるといいわ。これが逆だと、頭ごなしに聞こえてしまう。

はじめにメリットもきちんと認めてあげることが大切そうですね。

その通りよ。ただ、個性を認めてあげたいものだけれど、どうしてもお子ちゃんにやってほしくないスタイルがあるのなら、そのデメリットと共に**「私は、それは好きではない」と何度も伝えておく**ことがいいわ。もちろん、あまりやり過ぎると偏見に

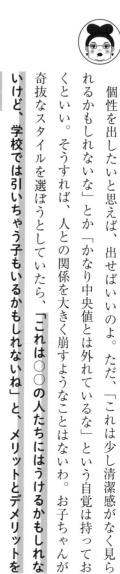

つながってしまうから、バランスも考えながらだけどね。

第一印象を整えるうえで、見た目以外に考えたほうがいいことはありますか。

そうね。これは第二印象に近くなっちゃうけど、**はっきり喋ること**ね。

ハキハキ喋るということですか。

そう。まあ、はじめは、**少し大きめの声で話す**、だけでもいいわ。確実に、相手に伝わるくらいの声で話すことが大切よ。言葉が聞き取りづらいと、相手に無用なストレスを与えてしまうし、印象が良くないわ。あとは人を威圧してしまうほどの大声も、配慮がない人だと思われてしまうわ。コツは、**相手の目をしっかりと見つめながら、口を大きく動かして話すこと**。これをすれば、しっかりと相手に伝わる声が出せるし、相手の反応を見ながら調整もできるわ。堂々とした印象にもなるから、おとなしい人や内気な人も勇気を持って試してほしいわ。

達成力で出てきた緊張の話にも似ていますね。目を見ることはそこで練習したから、自信がありますよ。

素晴らしいわ。多くのことは、**経験をして、練習をすれば確実に上手になることができる**の。今回の、見た目のことだって、話しかただって、もともとのセンスはほとんど関係ないわ。練習でセンスなんていくらでも鍛えられる。もっと言えば、世の中のほとんどのことがそう。トップレベルで競うのではない限り、才能は関係ないわ。

だから、**自己肯定感も練習でじゅうぶん身につけられる。安心して頑張っていこう、**ということですね。

うまいこととまとめたわね。

寅ちゃんの声かけ
仲間力 6

「今日のきみは、道を聞かれそう?」

道を尋ねられる人は、「トラブルが少なそう」「安心できそう」と、見た目で判断してもらえる人ということよ。あなたが声をかけたい人は、どんな人かしら。

寅ちゃんの声かけ
仲間力 7

「出かける前は、ちゃんと鏡を見ようね」

鏡よ、鏡。真実をうつしたまえ。ありのままの自分の姿がいちばんよくわかる方法は、鏡をのぞくことよ。鏡は、玄関にも設置しておくといいわね。

寅ちゃんの声かけ
仲間力
8

「話すときは、相手の目を見て、口を大きく開けようね」

初対面の人に会うたびに、この声かけを続けたいわ。はっきり話すだけで、コミュニケーションの「入り」がとてもスムーズになるのよ。

玄関の鏡で出かける前に見る

レッスン 13

「人見知りでも会話は弾むわ」
――物怖じせずに人と接するには

第一印象は見た目と発声でも良くなることがわかりました。うちの子たちは、見た目に無頓着で、初対面の人におどおどしてしまうので印象を悪くしがちでした。私のほうも、見た目と話しかたを意識するだけで、はじめて会う人だけじゃなく、すでに知り合いになっている人からの印象だって変えられるということを実感しました。そうすると、さらに知りたいことが出てきました。

見た目と声を意識したら、さっそく変化がありました！　相手が変わったというよりは、「良い第一印象は自分でつくれる」という自信が持てました。そのおかげで、

あまり緊張しなくなりました。

「これが正解かも」って思える方法を、1つでも持っておくと心持ちが全然違うの。

1つでもそんな方法が持てれば、自分流にアレンジしたり、まったく逆の方法を試してみたりできますもんね。

そう。だから、**私が言うことはあくまで行動を実践するためのたたき台。「まず、やってみる」ってことが、どんな場合でも大切**だからね。

それで、第一印象を磨いていく方法はわかったんですが、今回はそのあとが知りたいです。たとえば、駅で親しくない知り合いに会ったときとか。何を話せばいいのかわからないんです。

あー、なんとなく話すこともなくて、気まずい沈黙が……ってことね。

そうです。同じ車両に乗ることになったら、困ってしまいます。

それは、あるあるよね。

話題に悩んでしまって……そのまま、みたいな。どうしたらいいですか。

「挨拶＋1」を意識することね。

ええっと、なんですか、それは。

これは、最近、取り組む学校も増えてきている挨拶運動なんだけど、**「挨拶にプラスして、何か1つ話してみよう」ということ**なの。

ええっと、たとえば、「こんにちは、今日は暑いですね」とか、「おはようございま

す、素敵な服だね」とかそんな感じですか。

そんな感じよ。季節のことでも、服装のことでも。**1つであれば探せる**と思うの。「こんにちは」は「今日は」よ。「今日は○○」のように、あとに続く話のきっかけとして、使われてきた言葉よね。だから、「こんにちは」だけで終わらせないで、それをきっかけにコミュニケーションが続くといいわね。

「こんにちは」は、そんな意味だったんですね。あとに続くのが1つだけなら、いや、無理やりなら2つか3つくらいは頑張れそうですが、そのあとは、どうしたらいいですか？

話を盛り上げるのが得意なテレビタレントさんから学びましょう。中居正広さんは、話を盛り上げるには、**「そうなんだ」「本当？」「やってみようかな」の3つの言葉を回していく**ことと言っているわ。これらは相手に興味と共感を示すのに、有効な言葉なのよね。また、**自分はあまり話さずに相手の言葉を引き出すことができる**言葉

でもあるのよ。

相手に話してもらうんですね。

そこが円滑なコミュニケーションのポイントよ。**人は、話を聴くよりも、自分から話をするほうが充実した時間だったと感じやすい**わ。勉強も、一方的に話を聴くよりも、グループ活動や発表の機会があったほうが楽しいし、効果的とされているわ。

自分はそんなに話さず、相手に話してもらえばいい、と思えば気楽ですね。

自分の話をするから、話題が必要だし、頑張らなくてはいけないし、相手がそこまで興味のない話題なら、話が尽きたらそこまでになっちゃうの。相手の話を膨らまそうと意識すれば、そんな心配はいらないわ。

うまくできたらコミュニケーション上手になれそうですね。

そうね、誰にでも応用できるからね。他にもレパートリーとして、カズレーザーさんの「さしすせそ」は秀逸よ。**「最高ですね」「渋いっすね」「すごいですね」「世知辛いですね」「そっち？」。この5パターンで会話を回せる**そうよ。

このようなことを子どもたちに伝えたいです。どう伝えればいいですか？

「仲良くなりたいときは、相手の話をよく聴こう」がいいわね。子どもこそ、自分のことを話したい気持ちが強いからね。逆に、しっかりと話を聴いてあげられる子は、みんなの人気者になるわ。

ただ、子どものときって、「言ったもん勝ち」というか、声の大きな子の意見が通りやすいような気もしますけど……。

大人でもある意味そうよね。でも、長い目で見れば、そんな人より、みんなの意見

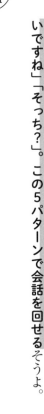

をよく聴いて考えられる人がやっぱり信用されるじゃない。**子どもだって「小さな大人」**。やっぱり最後は、信用できる人と友だちになりたいと考えるわ。

そうなんですね。子どもって、表現が幼いし本能的だけど、すごくちゃんと考えていることもありますもんね。

そうなのよ。ただし、前も言ったけど、何か１つの考えに極端に偏っちゃうのは良くないわ。だから「ときには大きな声で言おう」も大切。でも、子どものうちから、**「しっかり聴くこと」ができることの大切さはできるだけしっかり伝えておきたい**わね。人間関係はもちろん、**学習でも聴く力は最重要な能力の１つ**だからね。

聴けることって、大人でも大切ですもんね。ところで、話しているときに、突発的にリアクションに困ってしまうことってないですか。言いたいことがよくわからなかったり、価値観が自分とちょっと違ったりして。

そういうときもあるわね。明石家さんまさんの方法を使うといいわ。

今日は、タレントさんシリーズですね。

明石家さんまさんは、**リアクションに困ったときは、とにかく笑う**そうよ。

さんまさんの、あの息を吸い込むような笑いのリアクション、見ているほうも楽しいですよね。あれって、どんな効果があるんですか？

笑っている間に考える、ってことみたいね。これが実はけっこう大切で、そこで黙っちゃうと、気まずい間ができてしまうの。とりあえず笑ってしまえば、嫌な印象を与えることはないからね。

あのフリーズしちゃう瞬間を避けることができるんですね。これは使えそうです。ここでも、笑顔でいるといいんですね。

そうね、**笑顔しか勝たん、**よ。

笑顔はデフォルトにします。あっ、あと、話していていちばん怖いのは、やっぱり、話の内容や、空気の読めなさで嫌われちゃうことです。いままでコミュ力がなさ過ぎて、そんなこともあったし。子どもたちにはそうなってほしくないんです。

気をつけるのは、２つだけよ。**「人の悪口を言わない」「一括りにしない」**。

「人の悪口を言わない」はよくわかるんですけど、「一括りにしない」ってどういうことですか？

「一括りにする」というのは、「子どもは」とか「女性だから」とか「○○人は」とかで、まとめて語ってしまうことね。**SNSの炎上なんかを見ていても、この一括り思考での発言がとても多い**わ。多様な考えや個性を尊重することが大切なのよ。

なるほど。でも、この2つだけを意識すればいいなんて、簡単ですね。

そうかしら。自分は**正義感で言っているつもりが悪口になっている、なんてことはよくある**わ。こうやって、鈴ちゃんの意見をちょっと否定するだけでも、悪口っぽさや嫌味っぽさが出ちゃうこともあるしね。

うーん、そうか。よくよく考えてみればそうかもしれません。話すのが怖くなっちゃいますね。

基本は、**「脊髄反射しない」、つまり「言われたことにすぐに反応しない」**ってことに気をつけることね。

ちょっと考えてから、話すってことですね。

それだけでも全然違うわ。あとは、**文の最後が丁寧になるように意識して話す**こと。感情的に言葉を発しちゃうことは少なくなるわね。パソコンの文字入力で、最後に押すエンターキーを優しく押すみたいなイメージかしら。

わかりました。文の最後が丁寧になるように頑張りますので、よろしくお願いいたてまつりそうろう。

そういう意味じゃなくて……。最後を優しく言うようにすればいいのよ。

わかっています。ちょっとボケてみました。

おほほほほほほほ……。笑っても、フォローが思いつかなかったわね。

寅ちゃんの声かけ
仲間力 9

「挨拶にプラスする話題を1つ、見つけよう」

挨拶はあくまで、会話のきっかけ。挨拶にプラスして、何か話題をつなげてみて。一気にコミュニケーション上手になれるわ。

寅ちゃんの声かけ
仲間力 10

「仲良くなりたいなら、その人の話をよく聴こうね」

話をしっかり聴くことは、学習でも人間関係でも同じように大切なのよ。話をよく聴いて、相手の興味や価値観を知りたいわね。

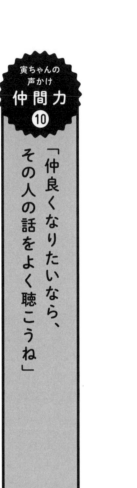

寅ちゃんの声かけ

仲間力 11

「友だちはみんな、違う人だってことを忘れないでね」

「一括りにしない」は、これからの世の中では、さらに大切になってくる価値観だわ。小さいうちから、個性を尊重する考えかたを習慣にさせたいわね。

相手にたくさん話してもらう

レッスン 14

「多様性を認めると、ご機嫌でいられるわ」

――合わない人とうまくやるには

むむむ、難しい……。

今度はどうしたのかしら。

人間関係って難しいってことを発見してしまったんです！　ちょっと自信がついたんで、色々な人と話してみることにしたんです。だいたいの人とはそれなりに話せる感じもするんですけど、たまに、全然合わない人がいて。

合わないっていうのは、価値観とかかしら。

それなら納得できるんですけど、ただ話しているだけでも嫌な気持ちになってしまうというか、正直言うと「嫌いだな」くらいの。

あーそのレベルね。学校や職場に、1人か2人くらいはいるんじゃない？　裏を返せば、その人たちとの関係をうまく築ければ、だいたいご機嫌に暮らせるのよね。

そうだと思います。たいていの人とはうまくいってるのに、数人の合わない人のことが頭から離れなくなってしまうんです。その人がいるだけで、ジャイアンツが甲子園で試合するくらいのアウェー感なんです。

それは、けっこうなアウェー感ね。そうならないために、今日は苦手な人との関係について、考えていきましょう。基本は、**距離を取る、**が大切ね。

離れるってことですね。

そうね。わかり合えるのがいちばんだけど、難しいのよね。それなら、離れるのがお互いしあわせね。

でも、小さな職場などでは、離れるのが難しい場合もありますよね。

そういう場合は、**忙しくする**のがいいわ。他のことに没頭して、**その人のことを考えないようにして、心の距離を保つ**のよ。でも、一方で、そうやって自分に都合の悪いものを切り捨ててしまうくせは自己肯定感を下げるわ。だって、**世の中に存在する自分以外のもので、自分の思い通りになるものなんてない**んだから。簡単になんでも切り捨てていると、いつかは大切な物も切り捨てなくてはならなくなるかもしれない。鈴ちゃんが切り捨てられることもあるかもね。

ええ、うー、でも確かに！　そういう行動を選んじゃってる自分を、いつかは嫌いになるかも。どうしたらいいんでしょう。

相手にプレゼントをあげることよ。

えー、プレゼントですか。なんだか、さすがにちょっと……。

プレゼントと言っても、物じゃなくていいの。相手の心がほぐれるような「行動のプレゼント」ができれば、相手を切り捨てたという気持ちは小さくなるわ。

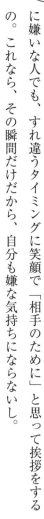

なるほど、どんなプレゼントがいいんでしょう?

私は、**苦手な人にも、挨拶のプレゼントはしっかりしよう**と思っているわ。どんなに嫌いな人でも、すれ違うタイミングに笑顔で「相手のために」と思って挨拶をするの。これなら、その瞬間だけだから、自分も嫌な気持ちにならないし。

なるほど、挨拶のプレゼント、いいですね。そのときだけって、わかっていれば心を込めて「相手のため」にできそうです。

普段は相手と距離を取っていても、これなら自己肯定感も下がらないし、相手からの印象もそこまで悪くなることはないわ。自己肯定感を落とさないようにするにはコツが1つあるのよ。私の言ってることは結局、全部ここにつながっているの。それは、**何かに偏らないで、真ん中を目指すこと**よ。

うーんと、偏るっていうのは、さっきの切り捨てるみたいなことですね。

そうよ。または、嫌だと思っているのに自分が我慢し続けることも、偏っているのよね。つまりは、自分も我慢しないし、相手も切り捨てないのが、真ん中。真ん中が、自己肯定感を落とさないコツなの。

うーん、禅問答みたいですね。寅ちゃんが普段からしていることはありますか。

「正しい」という言葉を、人に対して使わないようにしているわ。数学の問題で正しいってことはあっても、人の考えかたに「正しい」なんてことは1つもないでしょ。

？？？　考えかたでも「正しい」はありますよ。

たとえば、何かしら？

人の悪口を言ってはいけない、とかです。

確かに人の悪口は感じがよくないわね。でも、鈴ちゃんがその人からひどいことをされていて、本人が目の前にいない状況で、涙ながらにその人の悪口を漏らしちゃうって、「正しくない」のかしら？

相手からすごく嫌なことをされていたら……。「正しい」ってことはないかもしれないけれど理解はまあ、できます。いや、でも、他に「正しい」ことの例はあるはずですよ。じゃあ、人を叩いちゃいけない、これはどうですか？　叩くことはさすがに「正しくない」んじゃないですか。

うーん、そうね。人を叩くことのデメリットはとても大きいし、私たちから見ると本当に避けたいことよね。

私たちから見ると、っていうのは？

たとえば、戦争をしている国や、そういう時代なら、相手をやっつけるのが「正しい」「正義」で、そういうふうに思わなければいけない事情があるのかもしれない。「正しくない」と切り捨てるだけではなくて、そうなってしまう理由を少しでも考えることで、広い考えを持てるわ。それが本当の勉強よ。広い考えを持てば、普段から考えが偏らなくなる。もちろん、鈴ちゃんは人を叩くなんてことはしないほうがいいけどね。

どんなにあり得ないと思えることでも、そう考える人もいるかもしれない。それが「正しい」とか「正しくない」とは、はっきり言えないというわけですね。

そうね。だから、**「正しい」とか「正義」「普通」「〜すべき」という言葉を人に対して使うときは気をつける**といいわ。他にも「絶対」「必ず」「永遠に」とかは滅多にあることじゃないから、使うときは、いちど立ち止まって考えたほうがいいわね。

いままで、ばっちり使っていました。

私も気をつけているけど、つい使っちゃうわ。だいたい自己肯定感が落ちるときって、自分か人に対して「絶対〜するべきじゃない、そんなの正しくない」って思うときなのよ。そういうときには**「本当にそうかな。違う考えはないかな。反対の立場から見たらどうだろう」って考えてみる**だけでも、大きく違うわ。

寅ちゃんの言いたいことはわかります。そうするほうが自分の軸で立つ、つまり自

己肯定感を持てるってこともなんとなくわかるんですけど。でも、わかっちゃいるけどやめられない、ってことないですか。

それもいいじゃない。ここで、急に「じゃあ、全部やめます」というのも極端な考えかたになるわ。やめられない自分も理解したうえで、それでもちょっと頑張ってみる、ってくらいでいいのよ。そして、大切なのは**「人や自分は変われる」と信じること**よ。今日のあなたの考えは昨日より良く変わるかもしれないし、あの人の考えも昨日より良く変わる可能性がある。それを信じるだけで、昨日の「正しい」に縛られることはないし、希望を持って生きることができるわ。

「変われる」っていいですね。私が変われるということも、私の子どもたちが変われるということも信じてみようと思います。あとは、私が嫌いなあの人も変わることがあるかもしれないと、自分のために信じてみようと思います。

そうね、子どもちゃんの可能性を信じて見守るっていうことは、変わることを受け

入れるということよ。いつまでもかわいい赤ちゃんじゃないけど、それが成長というものだし、恐れないことね。

良いように思える変化も、悪いように思える変化も、「成長につながっている」って考えるようにしていきます。

うん、無理せずね。無理しないことも、極端な考えに陥らないためには大切なのよ。

そうですね！　私は寅ちゃんに出会ってすごく変われている気がします！

そうね。誰でも変われるのよ。

寅ちゃんの写メ写りも変わってきましたよ。ほら、もう半分くらい写ってます！
あっ、でも残念です。そこまで怖くない心霊写真になってしまってます！

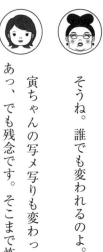

残念がる意味とは！

寅ちゃんの声かけ
仲間力 ⑫

「挨拶しよう。その人へのプレゼントだよ」

…………

誰かに行動のプレゼントをあげることは、自分を大切にする、ってことなの。爽やかな挨拶で、自己肯定感を一瞬で上げてみましょう。

…………

寅ちゃんの声かけ
仲間力 ⑬

「絶対って、それ本当に絶対？」

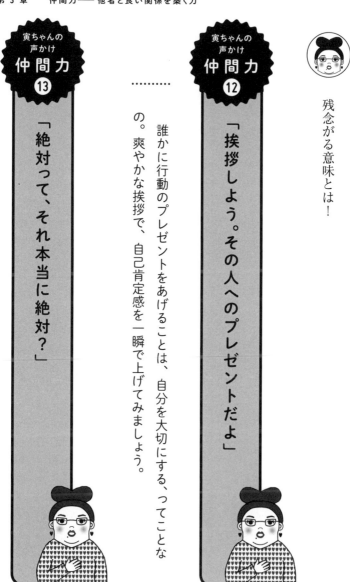

「絶対」って、大人も子どもも使いがちな言葉よね。絶対は世界を狭くするわ。視野を狭くせず、柔軟に考えるくせをつけておくと人に優しい子になるわ。

寅ちゃんの声かけ

仲間力 14

「きみも、みんなも、変わっていけるよ。すごいよね」

小さいうちから、誰でも変わっていけることを、伝えていきたいわね。それが人間関係の偏った考えを消していくわ。

ここだけでも
爽やかに。
気持ちを
プレゼントしよう
挨拶はプレゼント
おはようございます！
社長

レッスン

15

「いちばん身近な存在は、自分の鏡よ」

——大切な人に感謝と愛を示すには

苦手な人に対しての接しかたが少しずつ、わかってきました。相手を切り捨てたり、マイナスの感情だけで接したりして、極端な態度をとることは、自分のためにも良くないとわかりました。自分の心のバランスを保ちながら、相手も尊重する。そのためにも、まず挨拶を頑張っていると、自分の気持ちがずいぶん変わってきました。

寅ちゃん、こんにちは!!

こんにちは。今日は、とってもはっきりした挨拶ね。

私でも自己肯定感の高い自分に変われるって、ちゃんと信じることにしたんです。それでまずできることは、爽やかに挨拶をすることだなって。

今日のあなた、いつも以上に輝いてるわ。

えへへ、思い切ってやってみると、心も前向きになりますね。実践していたら、嫌な人に対する気持ちが変わってきました。いままでは、避けようとばかりしていたんですけど、いまは、嫌なことをされたらいいことで返そうと思うし、失礼な態度を取られたら礼儀正しく返そうと思います。

すごいじゃない。**同じフィールドに立たないようにすれば、そのネガティブな関係からは解放される**わ。幼い子を見守るように、自分が違うフィールドにいればいい。鈴ちゃんが自然に、そう思えたことに意味があるわね。

ありがとうございます。嫌な人のことをあんまり考えなくなったら、今度は本当に大切にすべき人のことを考えたくなりました。

そうね。不安や心配が完全になくなることはないけど、少し楽になったらそうやってポジティブな部分に目を向けることも大切よね。

そうですね。大切にしたい人はたくさんいるんですけど、仲間力をつけて自己肯定感を高めるために、まず大切にするべき人は誰なんでしょう。

それは、ご両親よ。育ての親、という意味ね。

両親ですか……。実家も遠いので、年に何度かしか会えていないんです。両親を大切にするのは、どうしてですか。

鈴ちゃんが生まれてから、大きくなるまでいちばん身近にいた人だからよ。ご両親

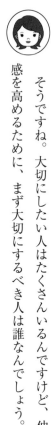

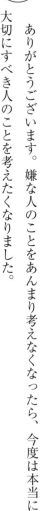

がいなかったら、鈴ちゃんはここまで成長していない。つまり、ご両親はあなたではないけれど、あなたをあなたにしてきた、とても近い存在だわ。その存在を認めることは、あなた自身の存在も認めることよ。**両親からもらった愛情や、もらいたかった愛情が、いまの性格や考えかたに大きな影響を与えている**わ。

私の自己肯定感が低いのは、親子関係に問題があったからなんですか。

そうかもしれないし、そうじゃないかもしれない。ただ言えることは、原因を追究することにあまり意味はないってこと。いま、すべきことは**ご両親を本当の意味で認める**ことね。

認める、ですか。うーん、両親のことは嫌いではないです。ただ、正直に言えば、勉強やスポーツを強制されたり、価値観を押し付けられたりということがあったので納得できていないこともあるんです……それがしこりで、いまも、なんとなく関係が微妙ですね。

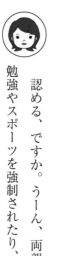

嫌だった気持ちをご両親になんとかわかってもらおうと、頑張ったり反発したりしたことが、鈴ちゃんの根本をよくも悪くもつくっていることがあるの。心当たりはないかしら？

うーん。そう言われてみれば、強いられた勉強やスポーツではなく、お洒落することなんかで必要以上に個性を出そうとしていた部分はあります。反発というか。なんとか両親に認めてもらいたかったのかも。

そうなのね。前に、自己肯定感を高めるためには極端にならずに真ん中を取ることが大切って言ったけど、**親子関係で「認められたい」という気持ちが強いと、行動が偏ってしまうことがある**わ。たとえば、「親から勉強を強制されていてつらかったから、私はできるだけ子どもに勉強を強制しないようにしよう」と思うことや、逆に怠けている姿を見ると「勉強するのは当たり前。私が子どものときはもっと努力できたのに」と思うようなことがあれば、それは偏っていると言えるかもしれないわね。

……そうやって考えることがないとは言えないです。親子関係が、自分の子育てにまで影響を与えているなんて。

子育てだけじゃないわ。親子関係がうまくいっていないと感じていると、様々な考えかたに偏りが出てくるかもしれないわ。逆に、ご両親を本当の意味で認めることができれば、鈴ちゃんがご両親にされて嫌だと思っていたことも、1つの価値観として理解できるわ。ご両親を認められてはじめて、親離れができたと言えるわ。もちろん、これは鈴ちゃんとご両親の話よ。ご家庭によっては、もっと親子関係は複雑な状況で、そんなときは思い切って関係を断ち切ったほうがしあわせになれるということもあるから。

そうか、私は、まだ親離れができていないのかもしれません。やっぱり考えたら、「私の母がこうだったから、これはしたくない」というふうに考えることも少なくなくて……。どうしたら、親を認めることができるんでしょう。

簡単よ。「生んでくれて、ありがとう。育ててくれて、ありがとう」って言えばいいの。

ううう、ハードル高めです。

鈴ちゃんも親になったからわかると思うけど、鈴ちゃんのご両親も、鈴ちゃんを自分の力の限り、精いっぱい育ててくれたのよ。力が足りなかったり、方法が良くなかったりすることはあるけど、それは誰だってそうだし、鈴ちゃんだってそうよね。

うんうん、そうです。頑張ってもできないことはあるし、頑張りたくても頑張れないときもある。方法を間違えることだってたくさんあります。でも、私なりに子どもを愛しているのも本当です。両親もそうやって、私を育ててくれたんですね。さっきは納得いかないこともあると言ったけど、両親に対してありがたいと思っていることも、たくさんあります。

誰もがそれぞれの形で子どもを愛しているのよ。いい？　鈴ちゃんが嫌だなって思ったことも、全部ひっくるめて「生んでくれて、ありがとう。育ててくれて、ありがとう」って言葉を伝えることで、両親を肯定できるのよ。それができれば、鈴ちゃんの心を支配する根本的な偏りから自由になれるわ。

そうかぁ、わかるんですけど、やっぱり恥ずかしいです。

誕生日とか、母の日とかをきっかけに、手紙を書いてみるのが自然かもしれないわ。でも、鈴ちゃんがご両親と「親と親」としてフラットに話せる機会はもうそんなに多くないかもしれないわ。

鈴ちゃんはいま、親になって、やっと子育ての苦労もわかって、ご両親が育ててくれたことのありがたさもわかるようになった。でも、そのご両親も、もう60代よね。まもなく介護が必要になるかもしれない。そうすると、また関係は変わってくる。まだ元気で鈴ちゃんを「私の鈴。まだまだ心配でたまらないわ」って思ってくれているうちに**「親になった鈴ちゃんと、鈴ちゃんを親として心配してくれるご両親」とで話をしておくこと**が、いつか人生の宝物になるの。

……なんだか、涙が出てきました。

そのための一歩が「生んでくれて……」の言葉になるわけ。それがないと、「親と親」の会話にはならないのよ。**その言葉だけでも、すごく大きな親孝行になるわ。そして、何より自分を好きになれる。**

まさか、両親に感謝することが、自己肯定感をあげることにつながるとは思わなかったです。こう考えると、子育てって改めて大切なんですね。

大切よ。でも、いいじゃない。鈴ちゃんがご両親にちゃんと感謝できれば、たとえ、いまの子育てでうまくいかない時期が来ても、「そうやって自分も大きくなった」と思えるわ。それに鈴ちゃんが**ご両親に感謝できれば、鈴ちゃんのお子ちゃんもいつ**

か鈴ちゃんに感謝できる子になるんじゃないかしらね。何度も言っているけど**親の自己肯定感が高ければ、自己肯定感が高い子が育つ**わ。自己肯定感が高いってことは、自分の軸からブレずに物ごとの真ん中を見られるということ。そんなフラットな考えを持てる子なら、親が一生懸命に育ててくれたことを理解するはずよ。

そうなるようにしたいです。両親と同じように子どもたちも大切です。それを伝える言葉はないですか？

シンプルに**「生まれてきてくれてありがとう。あなたが大好き」でい**いわよね。

もちろんそう思ってたけど、あまり言っていませんでした。

言ってごらんなさいよ。そうやって、自分に近い人を大切にすること、感謝を言葉にすることが仲間力を上げるってことよ。

じゃあ、旦那さんにも感謝を伝えてみます。それに寅ちゃんにも。教えてくれて、ありがとうございます。

鈴ちゃん、今日は2回もありがとう、を言ってくれたわね。ありがとう。

寅ちゃん、私、すごいことがわかりました！　感謝のキャッチボールがしあわせのホームランになるんですね。

ええっと、まさに仰る通りなんだけど、なぜだか急に恥ずかしくなってきたわよ！

寅ちゃんの声かけ
仲間力
15

「嫌いな人と同じ土俵に上がらないことが、互いのためになるよ」

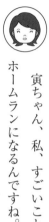

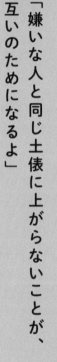

寅ちゃんの声かけ
仲間力
16

「私はきみのおじいちゃん、おばあちゃんに育ててもらって、良かったよ」

嫌な人とは同じ土俵に立たないこと。違う土俵にいれば戦わずに済む。自分とは違う価値観の世界があることを認め合えることが、本当は理想よね。

この声かけによって、あなたが親離れできるわ。それに、この声かけをされた子は、親への感謝を理解する。

寅ちゃんの声かけ

仲間力 17

「生まれてきてくれて、ありがとう。大好きよ」

すべてを肯定するこの言葉は、子どもに力を与えるわ。あなたにも力を与えるし。何度でも伝えていきたい声かけナンバーワンよ。

大切な人を大切にすることが、

自分を大切にすること

レッスン
16
「人生に別れはつきものよ」
――別れを乗り越えるには

当たり前なんですけど、いつかはお別れしなきゃいけないんですよね……。

え、あの、突然、なんの話よ!?

感謝のキャッチボールをしつつ、しあわせのホームランを打つゲームにも、終わりはありますよね。

なんだかわからないけど、やけにセンチメンタルね。

行く春や鳥啼き魚《うお》の目は泪　芭蕉。

おーい、おーい、大丈夫ですかー？

両親の大切さを教えてもらったら、両親がいつかは亡くなってしまうことも想像してしまって、気持ちが寂しくなってしまったんです。それで、つい。

俳句って、つい詠むようなものなの？　まあ、いつかは、人は亡くなるからね。それが年齢の順番なら、それだけでも、ある意味しあわせなんじゃないかしらね。

確かにそうですね。誰だって、いつ何が起きるかはわからないですから。急な別れもありますよね。

そうよ。それが家族やペットだとしたら悲しみは大きいわね。まあ、そういう永遠の別れじゃなくても、卒業とか転職なんかで疎遠になるという別れもある。恋人と別

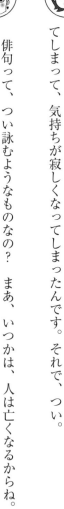

れたり、友人と気持ちが離れてしまったりすることもある。**大切なものがなくなってしまったり、夢をあきらめたりすることもある意味、別れと言える**かもしれないわね。

そう考えると、別れって、日常的にあるものなのかもしれないですね。

だから、その捉えかたが大事になってくるの。別れをマイナスに捉えてずっと引きずってしまうことなく、それをもエネルギーに変えて前に進んでいくには、自己肯定感が必要よ。たとえば、失恋をして、1年間引きこもってしまう人もいれば、「これをバネに自分磨きをしよう」ともっと充実した人生に向かえる人もいるわよね。

あーなるほど。でも、恋愛とかならまだわかるんですけど、誰かが亡くなってしまうことがエネルギーに変わるとはどうしても思えません。

そうね、誤解を与えてしまう言いかただったかもしれないわね。丁寧に説明する

わ。じゃあ、鈴ちゃんに聞くわ。私は一応、死にかけているわよね。さて、いま、私は、残してきた子どもたちがどうだったらしあわせでしょうか？

そう言えば、寅ちゃん、そうでしたね……。子どもたち、というのはお弟子さんのことですね。それは、やっぱり、元気に楽しく暮らしていることでしょうか。

その通りよ。私がいなくなって、動く力もなくなっちゃった、なんていうことでは、死んでも死にきれないわ。

そうですね。自分が亡くなる側だったら、私もそう考えると思います。じゃあ、亡くなったことを悲しまないほうがいいんですか。

いいえ。**大いに悲しむのがいい**わ。

？？？　でも、それだと寅ちゃんも死にきれないわけですよね？　ってまるで死ん

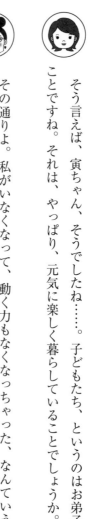

でしまうような言いかたですが。

ずっと、悲しみ続けていたら浮かばれないわ。でも、別れを経験したあと、次に進むエネルギーを得るにはね、たくさん悲しめるほどいいの。悲しいということは、「失いたくない」「もっと大切にすれば良かった」と思っているということよね。それって、考えかたを変えれば、**人生にそう思えるほど大切なものを得ることができた、**ということなのよ。周りの人やモノ、自分を大切にしていない人には、そんな感情は出てこないわ。

そうか、大切さや愛おしさという感情の裏返しが、悲しいという感情なんですね。ただ、それって「過去にあった」ってことですよね。もうなくなっているんだから、悲しみはより大きくなっちゃいます。

何言ってるのよ。なくなってなんかいないわ。

？？？　現実逃避みたいな感じですか？

そうじゃないわ。亡くなってしまった人には、もう会えないのは現実よ。でも、**その人からもらった愛や思い出は、そう簡単になくなるはずがない**ってこと。素晴らしいものをもらったからこそ、失ったことがどうしようもなく悲しいけれど、だからこそ、その温かさは心の中でいつまでも消えない。だから、この悲しさという、愛や思い出は、あなたが明るい未来に向かう原動力になるのよ。

その人がいなくなっても消えないほどの大きなプラスをもらっている。だからこそ悲しいけど、それは冷たい悲しみなんかじゃなくて、温かさのある悲しみというか。

素敵なこと言うわね。だから、たとえば、誰か大切な人が亡くなったときは、どんなにその人に愛してもらったか、どれだけくじけそうなときに勇気をもらったか、どれだけしあわせな思い出を心の中にもらったのか、できるだけ多く思い出すことが大切よ。涙が溢れて止まらなくても、悲し過ぎても、それが**いつかは自分を支える大き**

な大きな自己肯定感になるの。亡くなった人も、きっとそれを望んでくれているはずだわ。それは、もう、その人が自分の中に生きている、とも言えるかもしれないわね。

……大きな話ですね。でも、寅ちゃんが言った、エネルギー、という意味はわかりました。

生き死にの話だと、ちょっと大きくなっちゃうわね。たとえば、友だちと意見が合わなくて喧嘩別れしちゃったとか、恋愛で別れてしまったとかでも、そうよ。相手からもらったものを抱きしめて共に生きる、という考えでいけば、ずっと悲しんだり相手を恨んだりすることを避けることができるわ。

それ、失恋した友だちに教えてあげたいです。とにかく別れって悲しいしつらいって。でも、それだけじゃなくて、前に進むことのできるエネルギーの元、って思っておくだけで変わる気がします。

鈴ちゃんの子どもちゃんでも、卒業式とかそういうタイミングで別れを経験するわね。「寂しくて、この先の別の道を想像すると不安になるのは、**ここで良い日々が送れていたから。**友だちから得たことは、消えずに、新しい場所でもきみの背中を押してくれるよ」と伝えてあげるといいわ。

なるほど、子どもたちに勇気を与えられそうです！　**「不安がある」ということは、「不安がない」という状態があったってこと**ですもんね。前に教えてもらった、裏を返すという考えかたですね。

そうね。一見マイナスのことがあったときには、こんなふうに裏を返してみると、それが結果としてプラスのエネルギーになることも多いわ。

ピンチは、自己肯定感を身につけるチャンスなんですね。
そういえば、ついつい、寅ちゃんが亡くなりかけているということを忘れがちに

なっちゃいます。ごめんなさい。

いいのよ、どうせ、すぐ生き返るんだから。

ネットにもそう書いてありましたよね。あれはすごく不思議でしたけど。

不思議でもなんでもないわ。誰でも編集できるページだから。きっと私のファンの人が「そうだったらいいいな」って感じで書いてくれたのよ。

そうかぁ、私こうやって、ネットの情報なんかをすぐに信じちゃうんですよね。私だけじゃなくて、子どもたちはもっと、信じてしまいやすいと思っています。

ネットの情報が正しいかどうかの判断は難しいわね。そのサイトの特性や、作成者のことを知る必要があるわ。私もネットリテラシーの知識が豊富なわけじゃない。でも、せめてパソコンで検索することにしているわ。

スマホじゃ、ダメなんですか？　同じことですよね？

内容は同じ。ただ、**パソコンは複数の画面を同時に開けるから情報を比べやすくなる**わ。子どもちゃんと一緒に検索するときは大きな画面のほうが見やすいし、お互いの意見を言いやすい。**1つひとつの真偽がわからない以上、多くの情報を多くの目で見て判断していくしかない**のよね。その作業がパソコンならしやすいって話。どちらにしても、ネットの記事って、ニュースや雑誌の記事の引用や、それを元にしたものが多いわよね。広く情報を検索することは可能だけど、あまり深く調べたわけではない情報も多いっていうことを考慮しておいたほうがいいわね。

なるほど。あと、ネットと言えばＳＮＳですよね。子どもたちのトラブルも出てきそうで……ＳＮＳとはどう付き合えばいいですか。

状況によっては、鈴ちゃんの子どもちゃんもＳＮＳに参加せざるを得ない時代よ

ね。そんなときは**「なんのためにSNSをやるか」をはっきりさせておく**ことよ。「〇〇の情報を得るため」とか「自分の〇〇を宣伝するため」とかね。目的を意識することで、ダラダラと見ることを防ぎやすくなるし、不愉快な思いをすることも減るわ。明確な基準を持っていれば、嫌なことがあったときにも比較的、気楽にブロックするなどの措置をとりやすいわ。

私、目的なんて考えずに、インスタを延々と見てましたよ……。ただ、相手が知り合いだと、ブロックなんて感じ悪くないですか？

そんなときは通知が来ないようにしたり、「ミュート」と言って、その人にわからないように、その人の発信を表示させないようにする機能をうまく使ったりすることね。ＳＮＳ依存を防ぐには、アプリのアイコンをスマホの最終ページやフォルダの中に隠しておくだけでもいいかもね。アクセスが面倒な状態をつくること。

私、いまＬＩＮＥのグループで、少し煩わしい思いをしていたので、参考にします。

前に教わった20秒ルールですね。

それよ。人間関係も、ダラダラSNSをやっちゃうことも、気合いで我慢をするのは大変。だから、うまく環境を整えたいわね。さて、私はダラダラ、テレビでも見ようかしらね、ポチっとな……。え、これは！

どうしたんですか？

う、嘘！　……ううううう。

え、寅ちゃん、泣いてる⁉　大丈夫ですか！

寅ちゃんの声かけ
仲間力
⑱

「悲しいのは、大切なものをもらったからだよ」

人生には、大切な人との別れもあるわ。悲しい気持ちを否定せず、ゆっくりと大切な人からもらったものを確かめる時間を持てるといいわ。

寅ちゃんの声かけ
仲間力
⑲

「不安なのは、良い時間を過ごせた証拠」

卒業や転校で不安になるのは、いままでが良い日々だったから。新しい場所でも、その思い出が背中を押してくれるわ。

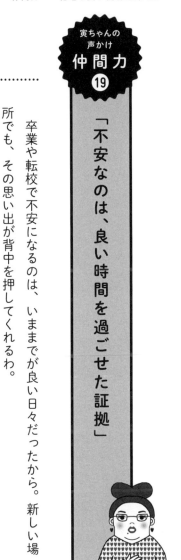

寅ちゃんの
声かけ
仲間力
20

「なんのためにやるのか、目的を考えようね？」

SNSに限らず、目的を確認することは大切よ。目的を思い出すことは、SNSだけでなく、人間関係を見つめ直したいときなどにも有効な問い。

悲しいのは、
大切なものをもらったから

レッスン
17

「注目される人には、3つの条件があるわ」
——人気者になるには

「では、次のニュースです。大相撲の新番付が発表されました。先場所全勝優勝の寅の富士が横綱昇進を果たし、記者会見を行いました。『師匠から教わった、技と気持ちで、怪我を乗り越えてここまで来ることができました』『師匠に一言？　……そうですね、現在、師匠の元横綱寅ノ茶羽は心臓麻痺を起こし、意識不明です。しかし、なんとか持ちこたえています。早く、目を覚ましてほしい。それだけです』

うううう、寅の富士……富士ちゃん……よかった。努力が報われたわね。入門した頃は、線の細い子で……。

いやいや、確かにそれもすごくよかったんですけど、寅ちゃん、やっぱり亡くなってないみたいですよ！　ちゃんと生きてた！

そうなのね、でも、富士ちゃんの活躍が見られてもう思い残すことはないわ……。って、そんなわけあるかーい！　まだまだ、心配な子はたくさんいるんだからっ！　富士ちゃんの頑張りで、俄然やる気が出てきたわよ。それに完全に死んでいる状態から蘇るのはちょっと非現実的で不安だったけど、まだ生きているなら、しっかり元に戻れそうね。

臨死体験ってやつですかね。この状況も、じゅうぶん、非現実的ですけどね。

まあ、未来のことを心配するのはやめましょう。**いつも未来のことを心配している人は、その未来でもきっと未来のことを心配している**んじゃないかしら。

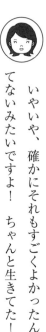

ドキッ。私、子どもの頃から、いつも先のことを心配しているけど、その心配が尽きることはなかったです。

それがわかったのなら、大丈夫。結局、将来は何が起こるのかなんて誰もわからないからね。開き直ることも大事よ。

そうします。それにしても寅の富士さん、すごいですね。実力と人間性を兼ね備えた横綱の誕生ですよ。不注意からの大怪我も乗り越えて、見事大成しましたね。いまや、角界を越えての超人気者です。

詳しいのね。まさに「失敗は成功の元」ね。でも、反対に**「成功は失敗の元に」なることもある**わ。成功におごらず、成長していくことができるかが富士ちゃんのこれからの課題ね。

教訓として子どもたちにも話してみます。子どもたちにも寅の富士さんのような、

人気者になってほしいです。ちやほやされるためじゃなくて、よい仲間力を発揮して、みんなと仲良くやっていけるように。

そうね。そんな**人気者になる条件は3つ**あるわ。

おお、どんな条件ですか？

「秀でたものがある」「元気を与えられる」「目立っている」。富士ちゃんは、この3つが備わっているから人気者なのよ。

なんとなく、わかるんですけど、詳しく教えてください。

まずは「秀でたものがある」ね。富士ちゃんだったら、圧倒的なお相撲の実力よね。こんな感じで、秀でた力がみんなにわかる形で発揮されていることが必要なのよ。学生なら勉強ができることや、部活で活躍していることなども、目に見えてわか

りやすいわね。

そうなるには、なかなか時間がかかりそうですね。

そうね、だからこそ価値があって、みんなの注目が集まるのよね。

何かに「秀でる」ためには、具体的にはまずどうしたらいいんでしょうか。

そうね。さっき少しだけ話したけど**「未来を心配せず、いまを生きる」**ってことね。

うん？　どういうことですか？

いま、「やりたい」「やらなきゃいけない」と思うことを、結果なんか考えずに、やってみることね。「いまに熱中できる」をくり返していけば、物ごとは自然に上達していくわ。勉強なんかもうまくゲーム化できるといいわね。それに、仮にうまくい

かないことがあっても、一生懸命な人はそれだけでも魅力があるわよね。

細かいことに振り回されずに、何かに熱中してる人は素敵ですもんね。「いまを生きる」ことを、積み重ねてみたいと思います！　これは寅ちゃんに教わった達成力の部分とも関係が深そうですね。

この「秀でる」は、空っぽな人間にならないために大切なことだし、生活を支えていく力になることも多いから先に紹介したんだけど、ハードルは高めよね。でも、残りの2つは、誰でも実現しやすいことだから、心配しないで。

二つ目は「元気を与えられる」ことよ。

元気ですか？　それって人気と何か関係があるんですか。

人間は昔から、健康な子どもを残すために「強い」人を仲間やパートナーに選んできたわ。これは、人間の本能に刻み込まれていることよね。喧嘩が強い男性なんかは

どうあれモテるし、仲間が多いのはそんな理由からよ。

うーん、喧嘩ですか。ちょっと自分の子どもたちにはそういう感じになってほしくないです。翔は少し喧嘩っぱやいけど、どっちかって言ったらその逆に育てていきたいと思ってるんですよね。

そうよね。喧嘩が強いことを示すには、どうしても暴力的に争わなくてはいけないからデメリットが大きいの。いまはすぐに命を脅かされるような時代じゃないしね。その代わりになるのが、「元気アピール」よ。**元気で、明るくいること。これで、デメリットなく「強い」ことが示せる**わ。

喧嘩をしなくても「強い」ということが表せるんですね。確かに、元気で健康な人は色々な意味で「強い」ですよね。そんな人に私もなりたいです。ずっと元気でいる、っていうのも大変そうではあるけど……。

ずっと元気でいる必要はないわ。それだとどんなにタフな人でも疲れちゃうからね。周りにいる人に「あの人は元気だな」と思ってもらえればいいの。そのためには、ずっと元気でいるんじゃなくて、**周りの人と関わるときに「元気を与えよう」と意識すればいい**の。

どんなふうに元気を与えればいいんですか？

最初は、元気に挨拶したり、話すときに少し高いトーンで話したりということを意識することからはじめればいいわ。あとは、元気な人が誰かと関わっているときの様子を真似するのが、簡単かもしれないわね。

なるほど、「あの人だったら、この状況でどうやって元気を与えるだろう」って思うと、どう行動すべきか考えられそうです。

富士ちゃんが圧倒的に大人気なのも、スポーツ選手は元気の象徴だからよ。富士

ちゃんがノーベル賞を取ったもの静かな研究者だとしたら、そりゃあ人気は出るだろうけど、もう少し落ち着いた感じになっているのかもしれないわね。

寅の富士さんのすさまじい人気の秘密は「元気」にあるんですね。寅の富士さんは、身体も引き締まっていて機敏だから、健康的で、本当に元気そうに見えますしね。元気なら、息子の翔の大得意な分野です。周りの人に元気を与えられる素敵な大人になってもらいたいです！

そうね。相手の気持ちを考えて、「押しつけがましくない元気」を与えられる人を目指させたいわね。

「押しつけがましくない元気」ですね、それが翔の課題にはなりそうだけど、ゴールははっきりしたと思います。ただ、凜のほうは、少しおとなしいタイプで。元気じゃないとは言えないけど……。

そうね、でも**「相手に元気を与える」というのは、すごく明るいタイプじゃなくてもできること**だからね。

そうですね。凛は、相手の気持ちを考えようとはするタイプだから、そのあたりからアドバイスを考えてみます。

それが良さそうね。そして、人気者になれる3つ目の条件が「目立っている」。人気者になりたかったら、とにかく目立つことよ。

ええ⁉　急に雑じゃないですか？

そんなことないわ。バンドマンやお笑い芸人が人気者なのは、ステージに立って目立っているからよ。**「ステージに立って目立っていたあの人だ」となると注目が集まって影響力が出てくる**。それはある意味さっき言った「強さ」と同じということになるわ。

おとなしく見えるバンドマンが人気なのも、ステージに立って目立っているからなんですね。

実力があれば、さらにいいけど、それが最低限のものでも目立てれば影響力は高まるわ。

ステージに立って、目立つのは勇気がいりますね。

だからそれに**チャレンジした時点でもう「あの人すごい」となる**わけ。とはいえ、いきなり学校や職場のステージは難しいという人は、ＹｏｕＴｕｂｅなど、ネット上の仕組みをうまく使えば、自分でステージをつくることも簡単な時代になってきているわ。もちろん、お子ちゃんがやる場合には特に注意が必要よ。でも、学校や職場以外にもステージが用意できるという意味は大きいわ。これは、次から話す「感情力」でも大切な考えになってくるの。

そっか、「仲間力」は今回でおしまいだったんですね、あっと言う間でした！

「あっと言う間」って素敵よね。時間も忘れて夢中になってるってことだから。そういう瞬間を積み重ねていくことが生きる喜びなのかもしれないわ。

さあ、いよいよ、最後の「感情力」ね。鈴ちゃんとのお別れも近づいてきたわね。

なんだか寂しいわ……。

生き返ったら、寅の富士さんのサインと手形ももらってきてください！「鈴さんへ」って書いてもらってくださいね！

こういうときは、まず寂しがりなさい！

寅ちゃんの声かけ
仲間力 21

「目の前のことを楽しもう」

能力のある人は、くり返しの練習や努力をした人だから人気者になれる。努力も楽しめれば、苦じゃなくなるわ。勉強もうまくゲーム化したいわね。

寅ちゃんの声かけ
仲間力 22

「友だちを元気にしてあげよう」

「元気があれば、なんでもできる！」そう、アントニオ猪木さんみたいに人気者になれるのよ。まずは「人を元気にしてみよう」と考えていると、自然に自分も元気になれる。

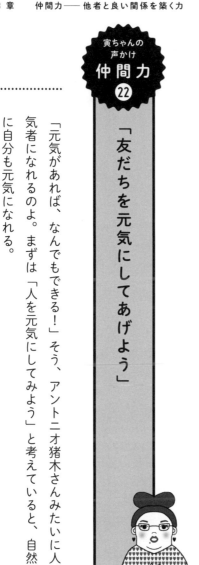

寅ちゃんの声かけ
仲間力
23

「みんなの前でやってみよう」

目立つことで、影響力を得ることができるわ。習いごとなんかで発表する場があると、良い経験にもなるのよ。

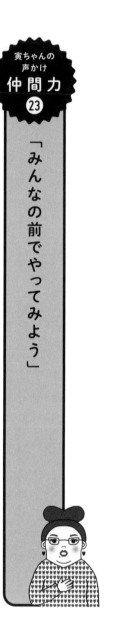

人気者の3条件
元気を与えられる
秀でたものがある
目立っている

第4章

感情力

――

気持ちを
コントロールする力

レッスン 18

「いまいる場所だけが世界じゃないわ」
——絶望しないためには

寅ちゃんから、「達成力」「仲間力」を学んできました。物ごとをあきらめずにやったり、周りの人とより良い関係を築く方法を学んだりしていくうちに、少しずつ自信がついてきました。これが自己肯定感なのかもしれない、と感じる今日この頃です。子どもたちにも、いい声かけができるようになってきています。

自己肯定感の最後の要素は「感情力」です。どんな学びがあるのか、学んだ先にどんな未来が待っているのか、とても楽しみです。

寅ちゃん、**いよいよ最後の「感情力」**ですね。「感情力」というのはどんな力なん

ですか？

自分の気持ちをコントロールする力よ。普段、暮らしていると様々な感情を持つわよね。ネガティブな感情があると、それだけでつらい気持ちにもなる。そんな**ネガティブな感情に心を支配されず、ポジティブな自分でいるための力**よ。

それは、すごいです！　自己肯定感は、この感情力だけでいいんじゃないですか？

確かに、**感情力があればネガティブな心をポジティブにすることができる。**ただそれ以前に、**達成力と仲間力があれば、ネガティブな状況が訪れにくくなる。**感情力は風邪をひいたときの薬みたいなもの。達成力や仲間力は風邪をひかないようにするための食事や運動といった感じかしらね。

前も言ったけど、この3つの力は混ざり合っていることが多いの。ただ特に、心が風邪をひいたときに使うと効果が高いものを「感情力」として伝えていくわ。

私の心は年中、風邪をひきっぱなしですよ。

あら。風邪はすぐに治ると思いがちだけど、甘く見ると大病につながる。同じように心が大病を患うと、怖いわよ。

心の大病って、なんですか？

それは、絶望よ。

絶望……。おどろおどろしい言葉が出てきましたね。

「望みを絶つ」で絶望だからね。絶望は、死につながる病よ。

そうですよね。望みが何もなくなったら、生きていくことができなくなるかもしれません。子どもたちには、絶対にそんな未来を迎えてほしくないです。

大丈夫。絶望しないための方法があるわ。それは、**選択肢をいつでも2つ以上持つ、**ということよ。

選択肢を2つ以上持つ……なるほど。

わかったのね。じゃあ、次の話に行きましょう。

あっ、いや実は、わかるようなわからないような……。

いじわるだったわね、ごめんなさい。でも、なんとなくわかったふりをして、後々困ったり、それによって面倒なことが増えたりするって経験があるでしょう？　**聞かぬは一生の恥**とはよく言ったものよ。嘘をつくと、そのことがずっと心にひっかかるけれど、わかったふりも、そんなところがある。

全然わからないわけではなく、「こうかな?」っていうレベルの理解があるので、わかったようなことを言ってしまうんです。気難しい相手だと「わかりません」と言いづらいということもあるし……。

そうよね。そんなときには、いま鈴ちゃんが言ったことを言葉を選んでそのまま伝えてしまえばいい。**「100のうちの70くらいは理解ができた気がするのです」と点数化するといい**わ。難しい話なら、「全部理解しました!」と言うほうが「本当かな?」と思われてしまうこともある。人の真意を100受け取るのは、そもそも無理な話なの。

今度こそ「なるほど」です。選択肢を2つ以上持つという話も50くらいは、わかる気がします。仲間力を身につける話で「活躍できる舞台を用意する」という方法がありました。それに関係していますね。

あら、そこまでわかっているなら、もう90くらいはわかっているんだと思うわ。

具体的に教えてもらえますか？

あら、鈴ちゃん、立派よ。**説明がよくわからないときは「具体的にはどういうことですか」「たとえば、どんなことですか」と尋ねるのが有効**よ。わかりづらい説明というのは抽象的なことが多いから、具体例を挙げてもらえれば理解しやすくなることが多いの。**説明は、抽象と具体の両方がわかると、理解できる**わ。

抽象と具体……？　難しい……。

簡単に言えば**「たとえば、なんですか」で具体的に聞き、「まとめるとどういうことですか」で抽象的な概念を聞いてみる**のよ。この２つの質問を両方使っていけば、どんなことでも理解しやすくなるわ。

便利ですね。それにしても知ったかぶりの自分と、本当はよくわかっていない自分

とのギャップで、私は自信を持てなくなっていたんですね。

わからないことは恥ずかしいことではないの。質問をうまく使って、等身大の自分でいけるといいわね。

それで、「選択肢をいつでも2つ以上持っておく」の具体例ね。たとえば、学校でみんなに無視される、といういじめを受けたとする。

それはつらいですね。絶望してしまいます。

そうよね。多くの子にとって、学校は大事な世界でしょ。一日の長い時間を過ごすし。学校しか居場所がないと、その唯一の居場所でいじめられたら絶望的な気持ちになってしまうのも当然。だから**他にも居場所を持つ**の。学校以外にも、家庭、習いごと、地域活動、塾など、複数の居場所があったらどうかしら。学校がつらいことには変わりはないけど、完全に絶望せずに済むかもしれない。

そうですね。他で熱中できることがあれば、「学校のいじめなんて気にしている場合でもない」と割り切れるかもしれません。

当然、そんなに簡単にはいかないことが多いけど、**学校以外の選択肢を持っていることで、可能性は少し開ける**わよね。

いじめ以外のことにも、当てはまりますか？

もちろん、当てはまるわ。お子ちゃんに対して叱るときだって、そう。色々な声かけやテクニックがあれば、いくつかのなかから選べる。そういうテクニックを知らないと、怒鳴る一択になるかもしれない。**選択肢があれば、心に余裕も生まれる**し。

友だちもそう。数が多ければいいということではないけど幅広く知り合いがいれば、たとえ親友と仲たがいしても、また新しい出会いを期待できる。仕事も、この仕事を辞めてもなんとかなるって思っていれば、絶望はないでしょう。

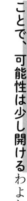

最初のは特にわかります。子どもを怒鳴っちゃうときって、いっぱいいっぱいで、それしか道がないから怒鳴っちゃう。

色々なカードを手札に持っている状態で話すことをイメージして、手札が1枚になりそうになったら、早めに補充するといいわね。

これを「逆UNO作戦」と名づけましょう!!!!

お、おう、突然の名づけにびっくりしたけど、ありがとう。UNOの反対で手札が1枚にならないってことか、なるほどね。わかりやすいかもしれないわ。

1枚になっちゃったら、「あっ、UNO！　UNO！　早く補充してー」みたいな感じです。ついに、知ったかぶりを乗り越え、よくわかりました！　でも、さっきの話、友だちのことはわかるんですけど、仕事は難しいんじゃないですか。仕事を辞めても、急に他の仕事がある、っていう人は少ないと思うんです。

そうね。だから、「仕事を辞めてもなんとかなる」っていう言いかたをしたのよ。

なんとかなる……?

新しい仕事はすぐには見つからないかもしれない。でも、それで死んでしまうことはあるかしら?

……ないですね。アルバイトなら見つかりそうだし、見つからなくても社会保障制度に頼るという方法もあるし。

そうなのよ。だから**合言葉は「それでも、生きていける」**よ。こういうふうに思うくせをつけておけば、選択肢を2つ以上にできる。

そうか、友だちに無視されても、「いいや、それでも生きていけるし」と思えれば、

それはもう、別の選択肢を歩んでいるということですもんね。

「それでも、生きていける」思考でいつでも、選択肢にプラス1できるのよ。

いいですね！「それでも生きていけるカード」は「いつでもドロー1カード」ということですよ!!

今度のは、すごくわかりづらいわね。

失敗した！　それでも、生きていける!!

寅ちゃんの声かけ
感情力 3

「選べるようにしておこう」

寅ちゃんの声かけ
感情力
4

「どれくらいわかったのか数字で教えて」

何ごとも、選択肢を持てるようにしておきましょう。そうすれば、困ったときに他の選択肢が絶望から身を守ってくれるから。

知ったかぶりは、成長を妨げるし、心にも良くないわ。数字で理解度を表して、等身大の自分でいきましょう。

寅ちゃんの声かけ

感情力 5

「それでも、生きていける」

生まれた場所がここで超ラッキー。どんなことがあっても、生きていることに感謝して過ごしていければ、最強よね。

絶望しないよう、

選択肢を2つ以上にしておく

大丈夫、『それでも、生きていけるカード』があるわ
あ、UNO！どうしよう！

レッスン 19

「想像力は心のリスク管理能力よ」
――落ち込まないためには

絶望しないためには、選択肢を２つ以上用意しておくこと。確かに１つの手段で挑戦していて、それがダメならもう方法はないけど、５つの手段で挑めば、失敗してもすぐ次に向かうことができます。……とは言ってもねぇ。

とは言っても、なんですよ。

「とは」の前、心の中の声よね。エスパー寅じゃないから、聞こえなかったわ。

絶望をしない方法はわかったし、心強いです。ただ、絶望とまではいかないけど、落ち込んでしまうことはないですか。私はよくあるんです。

まあ、誰しもあるわよね。もちろん、落ち込んだときの対処法はあるわ。

待ってました！　よっ、寅ちゃん、日本一！

……あなた、明るくなったわね。素敵よ！

たまにこういうテンションも試してみているんです！

いいんじゃない。変わるきっかけは、意外とこういうところにあるのよ。身近な人に対してでもいいから、少しずつ殻を破っていけば、なりたい自分に近づけるわ。さて、落ち込んだときの対処法を考える前に、なんで落ち込んじゃうのかわかるかしら？

なんで……うーん、難しいですね。失敗したときなんかは普通に落ち込みますね。

そうね。じゃあ、宝くじを買って外れたときも失敗だから落ち込むわね？

いや、それは落ち込まないです。ほとんど外れるのがわかっているから。

じゃあ、翔ちゃんのサッカーの試合で、対戦相手が全国優勝のチームだったとして、負けてしまったら翔ちゃんは落ち込むかしら？

うーん、負けて悔しがるかもしれませんが、たぶん、ひどく落ち込みはしないですね。サッカーを頑張ってはいるけど、全国レベルとなると雲の上ですからね。

ほら、もう答えは出たじゃない。**落ち込むのは、想定外のことが起きたとき**よ。

想定外？

宝くじでも、サッカーでも、うまくいかないことを想定していたから落ち込まなかったんでしょ。だから、**どんな場面でも、うまくいかないこともイメージしておく**必要があるの。恋愛でも、うまくいくことばかりじゃなくて、「ふられたら、友だちに電話しよう」とか、「恋人と別れてできた時間でやりたかった趣味をやろう」と考えておくと、ただ落ち込んで途方に暮れているだけにはなりにくいわ。

うまくいかない場合の想定と、対処方法を前もって考えておけば、落ち込みづらくなるってことですね。

落ち込むのは、想定不足が原因かもしれないわね。色んな角度からたくさんの失敗パターンを考えておくことは、成功をつかむうえでも重要よ。

えーと、待ってください。言っていることがわからないわけじゃないんですけど、

熱心に一生懸命やってきたことを失敗したら、たとえ事前に想定していてもやっぱり落ち込むんじゃないですか。

それはどちらかというと、悔しい、という感情よね。でも、**本当の悔しさを感じることは、むしろ自己肯定感を上げる**から。

本当の悔しさは自己肯定感を上げる？

さっきの宝くじの話やサッカーの話は、本当の悔しさではないのよね。宝くじはほとんど努力しなくても買えるし、サッカーもまだまだ努力する余地がある。**全力で努力をして、本気でぶつかって負けたときに起きる「本当に悔しい」という感情を味わえる人は少ない**かも。そんな感情に出会えたら、そこまで悔しいと思える努力ができた自分をいつか誇ることができるはずよ。

むしろ、本当に悔しいと思えることがすごいということですね。

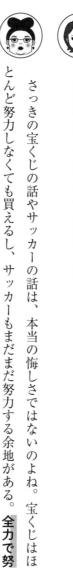

うん、**本当に悔しいと思えたら、それは自分の財産になる経験**よ。落ち込むのは、それとは別。うまくいかなかったことで、何もできなくなったり、引きこもってしまったりすることよね。これについては、くり返しになるけど、きちんと失敗を想定して、次の行動を考えておけば、ある程度ショックを和らげやすくなる。本当に悔しい体験ができれば、それをエネルギーにして次の行動に進めるわ。よく、**「悔しいこと」と「落ち込むこと」を一緒にしてしまう人がいる**けど、それはしっかりと分けていくといいわ。

悔しい思いをしても、落ち込むとは限らないということですね。よくわかりました！　……とは言っても。

出た！　「とは言っても」！

いや、落ち込まない方法はわかったんですよ、でも、わかってはいるけど、落ち込

むんですよ。

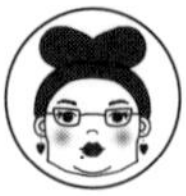

まあ、そりゃそうよね。わかっただけでできたら苦労しないし、落ち込むっていうより、なんとなくただ憂鬱ってこともあるし。

そうなんです。物ごとをそもそも全力でできなくて、悔しいとすら思えなくて落ち込むこともありそう。

その全力が出せないという状況をも想定しておくといいわね。でも、「とは言っても」よね。落ち込んだときの簡単な対処法を教えるわ。

本当に待ってました！　あんたが大将っ！

それは、**あごを上げること、**よ。

は？　あご？

ちょっと、あごを上げてみなさいよ。

え、あっ、はい。上げました。

どうなったかしら？

上を向きました。……あっ、そういうことですか⁉

そう。**心を上向きにするには、まず行動から**ってこと。ルンルンッと楽しくスキップしているときに暗いことは考えづらい。トボトボと下を向いて歩きながら明るいことも考えづらい。人間は、行動と心が一致する生きものなのよ。

納得です。身体が上を向いただけで、心も上を向くんですね。

心の前向きスイッチが入るのよね。

あごを上げるだけっていうシンプルさもいいですね。

気持ちがどうしても上がらないときでも、「とにかくあごを上げよう」とだけは思えるかもしれないわ。あごを上げられたら、今度は「気分良さそうに歩く」もやってほしいわ。

気分良さそうに、がポイントですね。

そうね、背筋をしっかりと伸ばして、少しだけ速く、笑顔で、あごを上げてね。

ポジティブになれそうですね。外国では、「うつむいて歩いていると日本人」なんて言われることもあるみたいです。私もそう言われる1人かもしれないです。でも逆

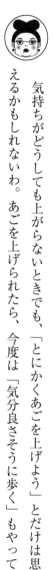

に言えば、普段から、気分良さそうに歩けば、かなりメンタルは上向きになりそうですよね。

その通りよ。それに歩くということが、適度な運動になることも重要ね。運動についてはとても大切だから、また違う機会にゆっくり話すわね。でもいいわよ。「とは言っても」を言っても。

あらら、すみません。えっと、そうですね。じゃあ、怒られたときに落ち込まない方法を教えてください。もちろん、怒られる想定もしておくし、怒られても気分よさそうに歩こうとは思うんですが。

唐突な質問ね。でも、まあそういうこともあるわよね。

怒られたときの対処法は、いままで聴いたものにはないかもと思いました。

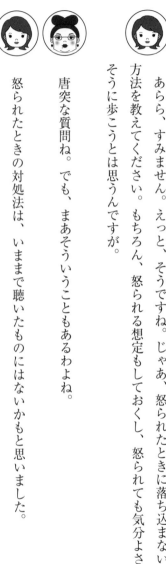

そうね。それは、落ち込むとか、悔しいとか以前に、対処しなければいけない問題があるからよ。

なんですか、それ？

それは、怒りよ。怒られたら、腹が立つでしょ？

怒り……。私が怒られたときに持った気持ちは怒りなのかな。でも確かに、そういう部分はあるのかも。怒られるときって、こちらにも事情があるのに、一方的に言われてしまって言い返せないことが多いですよね。ちゃんと教わってなかったとか時間に無理があったとか。事情は色々あるのに。言いたいことが、心にどんどん溜まっていって、気持ちのやり場がなくて、落ち込む。というか鬱々としてくる……。

それは**落ち込むというより、怒りを溜め込んでしまっている状態**よね。

そうか、落ち込むというより、怒りだったんですね。でも、確かに、そう言われてみれば、上司に対する底知れない怒りが湧いてきました！　言いたい放題言われているけど、こっちだって言いたいことは山ほどあるんだよー!!　むききききー！　ウホウホウホ！

鈴ちゃんが怒りでゴリラに……。とにかく、怒りとの付き合いかたは、大切よ。一瞬の怒りで人生を壊してしまったり、チャンスを逃してしまったりすることはあるわ。次回は怒りについて話していきましょう。

よろしくお願いします！　ウホウホウホ！

寅ちゃんの声かけ
感情力
6

「うまくいかなかったときのことも考えてみた？」

様々な可能性を想定しておくことは、心を守ってくれる。想定範囲内なら、あまり落ち込まずに次に進んでいけるわ。

寅ちゃんの声かけ

感情力 7

「本当に悔しいのは、本当に努力したからだよ」

本当に悔しい、という経験は貴重よ。そう思えるのは、自分のすべてをかけて努力することができたから。そんな自分を誇っていいわ。

寅ちゃんの声かけ

感情力 8

「あごを上げると気分が上がるよ」

気持ちが沈んだら、上を向いてみること。前向きな行動には前向きな思考が、後ろ向きな行動には後ろ向きな思考がついてくる。

あごを上げて、
心のスイッチを入れよう

レッスン
20
「怒るのも、怒られるのも、消耗するわ」
――怒りをコントロールするには

ウホウホウホ！

……ええっと、怒りでゴリラになってるのよね。

そうですね。やっぱり、溜まりに溜まったストレスはいつかゴリラとなって爆発しますね。

突然の新常識ね！　ゴリラで爆発するなら、もうほっといてもいいと思うけど。

怒られたときのあの憂鬱な感情が怒りだとわかったから、ゴリラ化したのかもしれません！

そうね、叱られたときって、本当に心から反省する悔しさとはまた別の感情を持つときがあるわよね。感情をぶつけられたという理不尽さへの抵抗で、怒りが湧く。

そうだと思います。こんな怒りの感情は、持っていても良くないですね。

もちろん、心身を大きく傷つけられるかもしれない場面では、しっかり怒って身を守ることが必要よ。でも、**些細なことで怒り続けていると、人間関係を崩してしまう。何より疲れるし、そんな自分を嫌いになってしまう**こともあるわね。

ですよねー。私の日常を振り返ると、上司に感情をぶつけられたときも怒りを感じますが、いちばんは子育てのときかもしれません。一日のうちイライラする時間が必ずあるし、怒鳴ってしまうことも……。みんなはこんな感じじゃないんですよね？

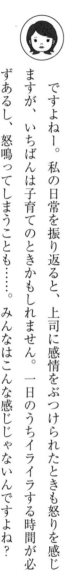

そんなことはないわ。**子育てで、喜怒哀楽があることは自然なこと**よ。子どもは、自分とは違う他人。まだ幼く、拙い考えで行動するわ。それがかわいいときもあれば、イライラしちゃうことだってあるわよ。「だって人間だもの」。みつを。

みつを？　それでも、私はイライラの時間が長い気がするなぁ。

怒りを感じるのは当たり前のこと。でも、その後に適切に対処することで気持ちを落ち着けたり、プラスの行動を導いたりできるわ。怒りのコントロールの仕方を学びましょう。

ぜひ！　イライラしたときは、ズバリ、どうしたらいいですか？

いちばん、簡単なのは、**その場を離れること**ね。

違う場所に行くといいんですか？

そうね。**怒りのピークは6秒**と言われているわ。まずは、その6秒を乗り切ればいいんだけど……。

あー、それは聞いたことがあります。だから、心のなかで6秒数えるようにしています。確かにそれで落ち着くこともあるんですけど……。でも、相手が子どもだとその6秒の間に、また次の問題が発生するんです。あ、大人でもそうか。上司に怒られているときも、次から次へと言葉で畳みかけられると、本当に気持ちのコントロールのしようがなくて。

そこまで大きく怒りが膨らむと、6秒では解決できないわね。

急にそこを離れると、微妙な空気になることもありますよね。

さすがに突然、飛び出していったら戻ってきたときに気まずいしね。そういうときは**「トイレに行ってきます」でいい**のよ。トイレであれば、止めることはできない。生理現象は相手にどうすることもできないし、たとえ違うだろうと思われても、そうして退座することで、相手も冷静さを取り戻せる。子どもに対してイライラしたときなんかは、**窓を開けにいくのも有効**よ。

その場を少し離れつつ、新鮮な空気を吸えば、気持ちも落ち着きやすいかもしれないです。

他の行動をすることで、怒りの感情に上書きするという効果もあるわね。

なるほどです。その場を離れられないときはどうですか。「トイレ！」は言えないかもしれないし、子どもが危険な行動をするかもしれないときもありますよね。

そんなときは**「そりゃあ、そうだよね」**ね。

ほう。さっぱりわかりません！

あら、正直。人間が**怒りを感じやすいのは、「自分の考え」と「差し出された考えや現状」が違うとき。**「自分は思慮深い」と思っているのに「あなたって、考えが足りない」と言われたときや、「子どもは宿題を終えているはずだ」と思っているのに、「全然宿題をやらずにダラダラしていた」なんて状況ね。イライラしちゃうでしょう。

うん、その通りです。「そんなふうに思ってなかったのに！」ってときに、怒りを感じる気がしますね。

でもたとえば「あなたって、考えが足りない」と言われたら「そりゃあ、そうだよね。だってコンピュータじゃないんだから、誰だって見落とすことは当然」と思ってみる。「全然宿題をやらずにダラダラしていた」なら、「そりゃあ、そうだよね。大人だって家に帰ってきたらダラダラしたいし。さて、じゃあ、この状況でどんなふうにして意欲を高めようかな」と考えてみる。すると、怒りは小さくなるわ。

相手の言葉や行動を肯定してみる、ということですか？

それもあるし、仲間力のところでも言ったけど、**1つの考えに偏らないように考えてみる**ということ。相手の気持ちを想像するの。

考えとしてはわかりました。でも、実際に子どもたちが怒り狂っていたり、大泣きしていたり、踊りまくって大騒ぎしていたりする状況でも、そう思えるかどうか……。

踊りまくるのは、できれば許してあげてほしいわ。そんなときに、自分の心に言ってほしい声かけがあるの。

子どもにではなく、自分の心に言うんですね。なんと言えばいいですか？

「何か理由があるはず」って心に言うの。子どもが踊りまくりなのも、上司が怒るのも、理由がよくわからず、自分の心とギャップがあるから怒りを感じやすいの。「何か理由があるはず」と心に言うことで、それを埋める材料を探しに行けるわ。

「ナニカリユウガアルハズ」

あっ、そうそう！　そうやって、心のなかでつくった宇宙人に言ってもらうのもいいわね。

ボケたつもりですが……。

自分だとなかなか冷静になれない場合は「ナニカリユウガアルハズ宇宙人」とか「何か理由があるはずおじさん」とかを決めておいて、怒りを感じたら言ってもらうルールにしておくといいかもね。

意外な方法ですけど、確かにそんなルールを決めておくと、ばかばかしくて怒りの支配から抜け出すきっかけになるかもしれないです。

もっと本質的な方法もあるわ。そして、ここに行きつくことで自己肯定感を上げることにつながるわ。

いままでのは本質的ではないんですか？

「６秒待つ」は怒りを抑えてその場を凌ぐ方法。「何か理由があるはず」は怒りが湧き起こりづらくする方法。どちらも手軽なインスタントの方法ね。

では、本質は、いかに？

怒りの感情を認めて「自分はなんのために怒っているんだろう」と考えることよ。

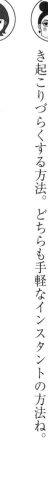

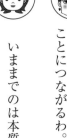

怒りをコントロールしようとするんじゃなくて、向き合うんですね。

怒るために怒る人はいないわよね。「上司に頑張ってきたことを認めてほしい」とか「子どもちゃんが、より良く成長してほしい」とか、怒りには本当の目的があるはず。

これ、目標設定のときにも出た話ですね！

よく覚えているわねー、自己肯定感を高めるためにちゃんと努力をしてきたのね。

えへへ、そう言ってもらえて嬉しいです。目標設定のときは、手段と目的を、混同しちゃわないように、という話でしたよね。

その通り！　ここでも、**「怒り」はあくまでも手段だと考える**といいわ。怒ること

で、他者を動かそうとしているの。確かに怒りには即効性がある。でも、仮に怒りで他者を動かせたとしても、怒られたその人が本当の目的を理解してくれることは少ないように思うわね。

本当は子どもたちに「より良く成長してほしい」って思っているのに、子どもからすると「親の言うことを聴かなきゃ」に変わっちゃうみたいな……。

そう。だから、本当の目的は、はっきりさせておいたほうがいいわね。

本当の目的を考えることができたら、怒ることも少なくなりそうです。

本当の目的を達成するために、怒るという手段はマイナスになることが多いわ。それがわかれば、「ここは冷静に言ったほうが伝わる」「いったん引いて、また別の機会に話そう」というふうに、怒る以外の選択肢を持てるようになるわ。

ここで複数の選択肢ですか。「逆UNO作戦」にもつながりましたね。

最初から、本質を考えることができればいいけど、様々なことが起きているなかでは難しいから、「6秒待つ」など、**インスタントな方法で怒りをコントロールしつつ、最終的には、怒る本当の目的を考えていくのが良い**と思うわ。

これでゴリラにならなくて済みます。

いや、鈴ちゃんはゴリラになることで、怒りをコントロールしているんじゃないかしら。鈴ちゃんのゴリラは、害ないし。

そうか！　……ただ、恥ずかしいんですよね。

ゴリラにも情緒ありね！

寅ちゃんの声かけ
感情力 9

「窓を開けて深呼吸してみようか」

怒りをコントロールするために、その場を離れるのは、逃げじゃないわ。別の行動で気持ちが切り替わる。深呼吸して、落ち着きましょう。

寅ちゃんの声かけ
感情力 10

「友だちが怒っている本当の理由は何？」

相手が自分の気持ちと違う言動をしたときは、その理由を見つける努力をする。納得できるかは別として、いったん「そりゃあ、そうだよね」と認め

てみる。

寅ちゃんの
声かけ
感情力
⑪

「きみが怒っている本当の理由は何？」

怒るのは、あくまで手段。怒ることで実現したい何かがあるはずよ。それがわかれば、怒る以外の手段も見えてくるんじゃないかしら。

怒る、本来の理由をみつけよう

レッスン

21

「ポジティブに楽しめれば、苦痛じゃないわ」

——困難に折れないためには

「感情力」では、絶望、落ち込み、怒りの対処方法について、寅ちゃんと学んできました。感情がネガティブにならないようにコントロールするやりかたがわかっただけでも、安心感があります！　そうすると、次はポジティブな感情についても、目が向いてきました。

私は、戦いたいです！

そうなの？　うちの相撲部屋、来る？　少し前に、一般の人も使えるようにしたの

よ。「相撲部屋でダイエット⁉　港区女子にも大人気！　ジムより続く、激熱トレーニング‼」って、感じでね。女横綱で、レスリングでも金メダルを獲得した、土俵寄《どひょうより》子《こ》ちゃんとも対戦できるわよ。

え、あの土俵寄子さんが寅ちゃんの相撲部屋に⁉　レスリングの常識を覆した逆立ちタックル、かっこいいですよね！　ぜひ、胸をお借りしたいなぁ！　……あっ、いや、私が言ってるのはお相撲で戦う、とかじゃないんです。

あら、そうなの。じゃあ、どういう意味？

寅ちゃんから、ネガティブな状況をどうやって切り抜けるか教えてもらいました。だけど、それはどこか受け身な感じがします。私は自分から積極的に戦いたいと思っているんです！

とてもいいじゃないの！　**自分から動いて人生をコントロールしようとすること**

は、しあわせを感じる近道だからね。そうした積極性を、主体性と呼ぶこともあるけど、主体性は自己肯定感との関連が深いわ。鈴ちゃんが戦いたいのは、どんなこと？

些細なことはたくさんあるんですが、特に毎日大変だと感じているのは、時間がないことです。朝から晩まで子育て、仕事、家事……と、時間に追われて、いつもバタバタしています。なんとか一日を終わらせている感じ。充実していると感じることもあるけど、大変だと思ってしまう気持ちのほうが大きくて！

働きながら、子育てをするって、本当に大変なことよね。尊敬するわ。

毎日、頑張っていますけど、「つらい」だけじゃなくて、自分からしあわせをつかみに行きたいです！

あら。そんな気持ちになれるのは、自信がついてきている証拠よ。そして、核心もついているわ。**つらい状況を打開する処方箋には「必死でやるな。必殺でやれ」とい**

う言葉があるの。

なんだか勢いのある言葉ですが、どういう意味ですか。

まず、「必死」は良くない、ということ。毎日、大変な状況にいる人は、必死に頑張っているわね。でも「必死」とは「必ず死ぬ」と書く。「『必ず死ぬ』ほど頑張ろう」は不幸が来ることが前提になっている。つらい状況に対して、主体性や状況をコントロールしている感覚を持っていなければ、少しずつ自己肯定感とは離れてしまうの。

「必死」という言葉、普通に使ってたけど、よく考えたら「必ず死ぬ」っていう漢字の並び、怖いですね。どうしたらつらい状況を主体的にコントロールできるんですか？

「必殺」でやることね。

その言葉もよく見ると怖いですが……。

「必ず殺す」だからね。でも、必ず殺すのはつらさよ。「必死につらさを受け入れるのではなく、自分からどんどんつらさを打開する『必殺技』をくり出そう」っていうことよ。**必死は受動的、必殺は主体的**ってことね。

なるほど！　面白いし、力強いです！　確かに、必殺技は自分から出すものですよね。それに寅ちゃんは柔らかく言ってくれたけど、うちの子どもたちが万が一ブラック企業とかに入ってしまったら「そんな環境に殺されるな！　むしろ環境を必殺技でぶっ壊すくらいでいいんだ！」って言っちゃうかもです！

鈴ちゃんが言うことは、ちょっと過激だけど、弱っている人を励ます言葉としてはいい場合もあるかもね。必殺とは、とにかく「積極的に、その場を自分から動かしてみよう」ってことかしら。学校の保護者の集まりなら、ＰＴＡの役員さんに立候補し

てみよう、とかね。

えっ、いきなり無理そう……ハードル高いです！　それに、そんな大変な役職を引き受けたら、余計に、心がつらくなるんでは……。

ビクビクして「できなそう……」って思いながら、「引き受ける」スタンスだとつらいけど、「わからないのは当たり前だし、アトラクションとして楽しもう！」ってスタンスで「買って出る」なら、良い時間になるわ。時間的な制約があり過ぎるのは大変だけど、どちらにせよ参加するのなら、思い切って要職に就くと、新しい人生の喜びを発見できるかもしれないわ。「必死のつらさ」なんて、無縁になるわよ。

いままで「避けて、避けて」きたけど、その消極的選択が逆に自分を袋小路に追いつめていたのかもしれないですね。「袋のネズミ」ではなく「大通りのライオン」を目指すべきと！

……あなた、そういう新しい言葉つくるの好きね。まあ、難しいことは考えず、やってみたらいいんじゃないかしら。PTAなんて1年くらいのことだし。

そうですね。どうせやるなら、大役にチャレンジしてみたい気持ちになってきました！　でも、人の目が気になってしまって、立候補するのが恥ずかしいかな。

そんなときは、**自分にフォーカス**してみて。

達成力の時の大谷選手のお話ですね！

そうね。**誰かの目が気になる人は、他人に注目してしまっている**のよ。「手を挙げたらあの人はどう思うかな」「浮いて仲間外れにならないかな」って、他人の感情がゴールになってる。そうじゃなくて、「ピシッと手を挙げてみよう」「挑戦できたら、自分を褒めよう」と、**自分に注目することをゴールにする**と良いわね。

うーん、でも、はじめてのことや、うまくいかないことがあると動揺して、途端に他人にフォーカスしてしまいそうです。

そうね、特にはじめてのことは失敗がつきものだしね。そんなときには、自分の「成長」にもフォーカスするといいわ。「ここで失敗したことで、自分の器は大きくなっているはず」「ここはプラスに乗り越えられたらもっとしあわせになれる」と、あくまで現状の自分と競争することで自分の成長にフォーカスできるわ。

現状の自分との競争ですか、なるほど！　じゃあ、あまり、人と競争したり、人のことを意識したりしないほうがいいんですか？

人は社会的な生きものだから、人と関わらないと生きてはいけない。でも、自己肯定感が低い人は、他者を意識し過ぎてしまうことが多いの。そんな場合には、自分にフォーカスして、やるべきことをやっていくと、ちょうどいいバランスが取れる。少しずつ慣れてきたら、**人と競ったり、人を意識したりすることも「楽しめるように」**

練習するといいわね。

バランスが取れて、楽しめる境地になったら、人生が変わりそうですね。「バランスが取れること」「偏らないこと」は自己肯定感のキーワードですもんね。自分にフォーカスすることの次のステップとして、競争を楽しむことも考えに入れておきます！　そうやって、だんだん挑戦できるようになるのはいいんですけど、やっぱり気になるのが、「忙し過ぎちゃう問題」です。

やることが多いと、自分から動くというよりも、どうしても受け身になりがちね。降ってくるタスクをこなすばかりが続いて耐えなきゃいけないことはあるわよね。

そうなんです！　そうなんですよ！

毎日チャレンジはできない。**現状をキープするだけという状況でも自分を否定する必要はない**わ。考えかたを工夫しながら、賢くこなしていけるといいわね。

その考えかたの工夫を、教えてください！

ババンッ！　**「私は主役大作戦!!　そして、自分に酔っちゃおう大作戦!!」**いまから鈴ちゃんは、映画の主人公よ！　何映画がいいかしら？

えっ！　……じゃあ、恋愛映画でお願いします。相手はイケメン俳優の椿《つばき》屋《や》竜《りゅう》馬《ま》さんでお願いします。

驚くほど全然知らない人ね。まあいいわ。じゃあ、その恋愛映画では最初から椿屋太郎と付き合えるかしら。

椿屋竜馬さんです。いや、それだとつまらないので！　最初は、椿屋さんはちょっと嫌な先輩なんです。その後、いい感じになっても、ライバル女優の堀《ほり》尾《お》米《まい》子《こ》が陰湿に邪魔してきたり、椿屋さんが入院したり、大変なんです。それでも……

ストップ！　ここで、ストップよ！　ねえ、色々と一筋縄ではいかないことが起きてるじゃない？　堀尾米子っていうこれまた知らない女優に邪魔されたり、椿屋権左衛門の入院とか。そんなつらい映画、つまらなくて観る気がしないわ！

何、言ってるんですか！　全然、つまらなくないですよ！　だって、最後はそれを乗り越えて、椿屋竜馬さんと結ばれるんですからね！

って、ことなのよ。

え？

現実でつらいときも、一緒。自分が女優さんになったつもりで「全世界の皆さん、これはしあわせのための布石ですよ」とか「いまは、大変です！　さあ、私を見て。こんなに大変なのにすごい健気に、頑張ってるんですけど！」って、自分に酔ってみ

るのがいいんじゃないかしら。

おお、すごく楽しそうです！　毎日が大変でもハッピーエンドに向かっていると思えそうです。

何より、この**「人生という映画」はあなたが主人公**なのよ。それをたまには思い出すといいかもね。

そうですね！　この映画の主役は私！　堀尾米子じゃないんですよ！

だから堀尾米子、誰っ⁉

寅ちゃんの声かけ
感情力
⑫

「進んでやってみるとうまくいくよ」

つらい状況は、主体的になることで、あっさり解決することがあるわ。つらさをやり過ごすだけじゃなく、自分からアクションしてみたらどうかしら。

寅ちゃんの声かけ
感情力
⑬

「人よりも自分に目を向けていこう」

他人や周りの状況ばかりにフォーカスし過ぎると、動くのが怖くなるわ。自分がするべきことや、長期的な成長に目を向けてみましょう。

寅ちゃんの
声かけ
感情力
⑭

「きみがかっこいい主役になって」

つらい状況は客観視して、映画化することでエンタメになるかもしれないわ。何より、「自分の人生の主役は、自分」だってことを、思い出して。

わたしは主役大作戦！そして、自分に酔っちゃおう大作戦！

レッスン

22

「大らかにいられれば、動揺せずに済むわ」

―― 毎日を快適に整えるには

私は、女優です。いえ、頭がおかしくなったわけではありません。寅ちゃんに教えてもらった「私は主役大作戦!!　そして、自分に酔っちゃおう大作戦!!」を実践しているんです。今日も「自分が主人公の人生」を生きていきます!

全人類の皆さん、私はここにいます!

う、うん。もう最近、出オチがひどいわよ。

ところで、寅ちゃん、自分の感情をコントロールするそもそもの方法を知りたいんです。ちょっとしたときに、自分の感情をコントロールして冷静になれたらなと思うんです。

まず、**感情をコントロールする力が強いというのは、物ごとを柔軟に考えられる、ということ**よ。何か困難なことがあったときに「でも、客観的に見れば大したことない、自分は大丈夫」とか「長期的に見れば成長につながるから、慌てることはない」とか。この考えは当然、自己肯定感とつながるわ。もちろん、生まれつき柔軟な考えを持てる人もいるけど、**柔軟性は後天的にも獲得できる**わ。

どうしたら、柔軟性をゲットできるんですか？

それは**経験と生活習慣**よ。多くのことを経験していれば、少しのことでは動じないし、成功体験があれば自信を持つこともできる。

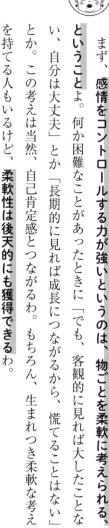

それはわかります。だから、前に教わった「達成力」があると強くなれそうです。でも、それは時間がかかりますね。

そうね。だからこそ、経験を積むことが本当の自己肯定感につながってくるんだけどね。そこで、生活習慣のほうに注目してほしいの。**生活習慣は今日から変えられる。**そして、すぐに心に良い効果をもたらすのよ。

その生活習慣とはどんなものですか？

運動と睡眠よ。この2つが整っていれば、心に余裕が生まれるわ。

運動と睡眠……よく言われているやつですね。でも、正直に言えば、運動は長続きしないし、ついつい夜更かしもしちゃうんですよね。そんなにすぐに実感できるようになりますかね。

効果を意識しながら簡単な実践をすることで、目に見える変化が現れるかもしれないわね。まずは運動についてね。

運動すると、気持ちがスッキリしますけど、あれって気のせいじゃないんですか？

気のせいじゃないわ。**運動をするとＢＤＮＦという物質が分泌される**ことがわかっているわ。

ＢＴＳ？

Ｂしか合ってないわ。ＢＤＮＦは脳由来神経栄養因子と呼ばれているもの。記憶力や学習能力の向上に関連があると言われているわ。

ほう、ＢＭＷが……ええと…簡単に言うと？

運動すると頭が良くなる！　科学的にも証明されていることよ。学習の前に軽い運動をしただけで、成績が17％向上したという実験結果もあるわ。それに、この**ＢＤＮＦを分泌させることは、うつ症状やパニック障害の対処にも効果的だとわかっている**の。うつ病については、ケースによっては、投薬よりも運動のほうが、改善効果が高かったという結果もある。

でも、けっこう、大変な運動が必要なんですよね。

有酸素運動が効果的とされているけど、ランニングやウォーキングほどのテンションで取り組まなくてもいいわ。**朝、散歩をするだけで心への効果は絶大**よ。

ランニングは無理だし、ウォーキングすら身構えちゃう私ですけど、朝にお散歩をするだけなら、まあ。

そうよ。朝散歩をすると、ＢＤＮＦが分泌されるだけではなくて、**体内時計をリ**

セットする効果があるわ。

え、在来砲兵？

どんな耳してるのよ！　体内時計よ。人間の身体は、24時間20分くらいで一日を感じていると言われているわ。実際の一日は24時間だから、何日も放っておくとその20分の差がどんどん大きくなって、身体のリズムが乱れてくる。そのリズムの乱れをリセットしてくれるのが、**朝散歩で浴びることのできる朝日の光**なの。

そうだったんですね。昼夜が逆転してしまったときになかなか直らないのは、朝日を浴びられずに体内時計がリセットされないからだったんですね。

そうよ、これは次に紹介する睡眠とも関連が深いわね。

……朝のお散歩をしてみようという気はあるんです。でも、はじめる前から続く気

がしないです！

正直に言ってくれて嬉しいわ。朝は忙しいし、当然そういう人も多いと思う。どうしても無理な人は、**立ち上がるだけでもいい**わ。

立ち上がる？　これは、私でも確実にできる運動です！　でも、そんなことで？

心が固くなって動かないときは、身体も固くなっていることが多いわ。部屋に座って、じっと考えごとをしていると、より落ち込んでしまうことがあるわよね。そんなときには、とにかくその場で立ち上がって、場所を変える。これだけでいいの。

身体と心は一体でしたよね。止まっていた身体を少し動かすだけでも、心が動くきっかけになるってことか。

賢いわね。まずは立ち上がって、飲み物を飲みにいくだけでもいいわ。とにかく立

ち上がりなさい。ハードルを上げ過ぎずにね。さて、運動と同じくらい心の健康に大切な生活習慣は、睡眠よ。

これもある程度想像できます。睡眠不足、つらいですよね。やっぱり、科学的にも睡眠不足は心に良くないんですか？

脳は睡眠不足になると、ネガティブな情報だけを過剰に受け取ってしまうことがわかっているわ。そうなると、不安は募り、考えに混乱が起きるようになるの。客観的には「良いこと50、悪いこと50」の状態でも、睡眠不足では「良いこと20、悪いこと80」みたいに感じてしまい、気持ちが追い詰められてしまうということね。また、睡眠時間は足りていても、ぐっすり眠れていない場合も同じよ。

私、睡眠時間も多くないんですけど、それ以上に睡眠の質が悪いような気がします。どうしたら、ぐっすり眠れますか。

色々なコツがあるわ。ただ、生活リズムや個人差があるから、ここではとにかく多くの情報を伝えておくわ。「全部やって」って意味じゃなくて、合いそうなものを続ければいい。

まず、日中ね。さっき言ったように、朝日を浴びて体内時計をリセットすること。カフェインは夕方以降摂取しない。緑茶なんかにも入っているから注意が必要よ。明るいうちに運動をして、身体を適度に疲れさせることも大切ね。昼寝をする場合は、横にならず、座ったままのほうが夜の睡眠に影響が出づらくなるわ。

大好きなコーヒーも、夕方以降は控えなきゃですね。

また、入浴に関連することも大切ね。まず、スマホやパソコンなどブルーライトを強く発するものを扱うのは、入浴前までにすること。特に、スマホは寝室とは別の場所の充電器にさして、「固定電話化」しておくといいわね。そして、入浴は寝る90分前に40度のお湯で半身浴。外部の音が遮断されるからシャワーを少し長く浴びると、リラックスできる場合があるわ。

シャワー、わかります！　音が水の音だけになるので落ち着けるし、ふと何かのアイディアが降りてくることもあります。寝るときはどうしたらいいですか？

布団やベッドに寝転んだら、身体の末端から力を抜いていくの。手先や足先などに軽く力を入れて、力を緩めると脱力の感覚をつかめるわ。あとは、身体がバターになって布団に溶けるイメージ、澄んだ湖で安定したボートの上に寝転んでいるイメージ、木陰のハンモックで寝ているイメージなど、自分がリラックスできる場面を想像しながら眠りを待つのよ。

バターのイメージ、良さそうですね。さっそく、試してみます！　……すーすー。

まさかの、2秒就寝！

寅ちゃんの声かけ
感情力
⑮

「運動すると、頭も良くなるんだって」

記憶力や学習能力は、運動を行うことで向上するものよ。文武両道は、理にかなった教育方法だったのね。学習の前に、少し歩くだけでも効果あり。

寅ちゃんの声かけ
感情力
⑯

「ちょっと、ジュースでも飲みに行こうか」

心と身体は、一心同体。話が煮詰まって、心が固く動かなくなっているのなら、まずはその場から動いてみましょう。

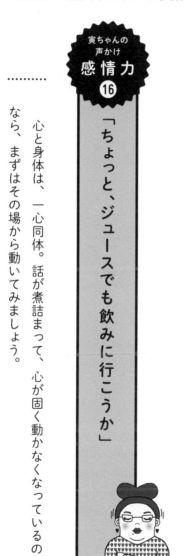

寅ちゃんの
声かけ
感情力
16

「好きな場所で眠る想像をしてみようか」

澄んだ湖やハンモック、雲の上や虹の上。寝つきが悪い子には、そうして、布団に入ることを好きになるようにしてあげて。

運動は自己肯定力を上げる！

レッスン

23

「感情的になると、いい考えも浮かばないわ」

——心を乱さないためには

生活習慣が安定してくると、気持ちも安定してきた気がします！

そうね。運動と睡眠のバランスを上手に取れるようになると、身体も元気になるし、ちょっと嫌なことがあっても、受け止められるだけの余裕が出てくるわ。

眠いときには、神経質になっちゃうことがありますもんね……。

どんな人でも、寝ていなかったら力を発揮できないわ。野球の大谷翔平選手は超人だと思うけど、それでも寝不足だったら戦えないと思うの。

そうですね、超人の大谷選手でも無理そうなことを、一般の人が無理してやろうとしていること、ありますよね。私も睡眠不足でしたし。私たちこそ、しっかりと運動と睡眠のバランスを取って、自分の力を発揮していきたいです。

そうよ、一時的に無理することもできるけど、長い人生を考えれば、そのほうが結果も出やすい。さて、だいぶ、感情力についても伝えたわね。

かなり自分の気持ちが安定してきたことを実感しています。こういうことを子どもたちにも伝えていきたいんです。やっぱり、**子どもは大人に比べると、表面的にも感情の振れ幅が大きい**し、困ってしまうこともあります。

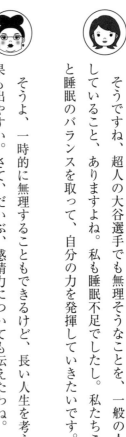

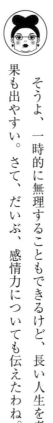

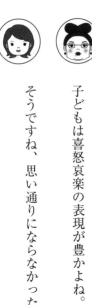

子どもは喜怒哀楽の表現が豊かよね。困るのはどんなとき?

そうですね、思い通りにならなかったときに、気持ちのコントロールができないようで、そういうときは手を焼きます。翔は自暴自棄になってしまうし、凛はイヤイヤ期に戻ったような感じになってしまいますね。

感情の安定は、思考のバランスを取るために必要なのよね、感情が乱れてしまうと、思考のバランス感覚も狂ってしまって、偏った考えかたになってしまうの。

なるほど、大人でも怒ったり悲しんだりしているときは、良くない判断をしてしまうことがありますよね。

そうね、冷静に考えればおかしい儲け話や、お金のかかる信仰も、感情が安定していないときには引っ掛かりやすいの。

そういうことだったんですね。翔が怒っているときに暴れてしまうのも、凛が悲しいときにすべてに否定的になってしまうのも、感情の不安定さで思考のバランスが取れなくなったから。

そういうこと。だから、この話は裏を返せば、翔ちゃんも凜ちゃんも、悪い子じゃないってことよ。**感情が乱れて思考のバランスを失っているだけで、心が落ち着けばちゃんと考えることができる。**

良かったです。たまに、「大きくなってきて、悪い子になってきちゃったのかな」って心配したんですけど、そうではないんですね。

そうではないわ。翔ちゃんも凜ちゃんも変わらずかわいい子。心が落ち着いて冷静なときに「人を傷つけてもいいと思う」なんて言いはじめたなら、じっくり話す必要がある。でも、そうじゃなくて落ち着いているときには優しい子なんでしょ。それなら、いまは少し、感情のコントロールが難しくなっているだけ、って考えてみるといいんじゃないかしら。

安心しました。うちの子は変わらずかわいい子、ということを信じられる気がする

し、その確信はすごく大切だと思いました。ただ、感情が乱れたときの判断が、行動に出ると、周りにとってはかわいくない子になってしまうかもしれません。

そうね、感情が昂ぶっているときには、適切な声かけをして落ち着かせてあげることが大切ね。

どんな声かけをすれば、落ち着くんでしょうか。怒ったり、泣いたりしてるときって思った以上に手がつけられないです。

そうよね。**受容と共感がすべて、**と言っても過言ではないわ。

受容というのは、ありのままを受け入れることですね。共感は、子どもの気持ちをわかろうとするというイメージですか。説得はしないんですね。「○○したほうがいいよー」とか。

心が乱れているときに説得しようとしても、心には入っていかないわ。落ち着かせるためには、説得は必要ないのよ。まずは受容と共感で、感情を安定させることが先。落ち着いたら、いままで学んできたような声かけをしていくといいわね。

受容と共感は具体的には何をすればいいんですか？

まず、受容。たとえ大泣きしていても、怒っていても**思う存分、そうさせてあげればいい**んじゃないかしら。大人でも、誰かに伝えたり書き出したりすることでスッキリすることがあるわよね。子どもちゃんは感情表現豊かにそのアウトプットをしていると考えればいい。

大人が悩みを話すとの同じように、気持ちを吐き出している状態なんですね。こちらとしても我慢が大事ですね。

基本的には、大人は大きく構えて、待つことが大切ね。**感情を出せる場所を話し**

合って決めておくといい場合もあるわ。部屋の隅のカーテンの後ろとか、おもちゃのテントのなかとかね。そこに行くことがわかっていれば、こちらとしても安心だし、子どもちゃんの心も落ち着きやすくなるわ。

私も、小さい頃、泣きたいときに、机の下に隠れていたことを思い出しました。そこにいくと、どこか安心したことも覚えています。

部屋はなくても、身を隠せるくらいのパーソナルスペースがあると、感情をコントロールしやすいわ。普段は遊びに使える場所でいいのよ。

さっそく、子どもたちに秘密基地のような感じで、提案してみたいと思います。そんなふうにして、ある程度、気持ちを発散させたあとはどうしたらいいですか。

その後、子どもちゃんはショックを受けていることがあるわね。思い通りにいかないことがあったこともそうだけど、いちばんは大泣きしたり大怒りしたりしてしまっ

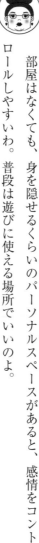

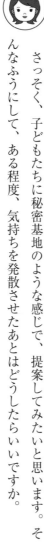

たことに対してね。

わかります。うまくいかなかったことは、もうだんだん整理がついてきていても、今度は、そうなってしまった自分が、恥ずかしくて情けなくて、引っ込みがつかなくなってしまう……。

その通りよ。だから逆に**「大泣き（大怒り）できることが素敵だと思う」と受け止めてあげる**といいわね。

その行動を認めてしまって大丈夫ですか？

さっきも言った通り「もっとこうやって表現したほうがいい」といったアドバイスはまたあとの話。まずは受容と共感がすべてだからね。

そうでした。大泣きや大怒りが素敵、とその行動も認めるんですね。どのように解

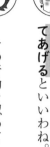

釈すれば、本心で素敵、と言えるでしょうか。

マイナスのできごとがあったときには、その反対に同じだけのプラスが隠れていると考えるといいわね。それだけ大泣きしたり、大怒りしたりしているということは、そこに対して何かしらの強い思いがあったということよ。ただのワガママに見えるときだって、そのワガママを言いたかった裏には、「お母さんに甘えたかった」という気持ちがあるかもしれない。それはよく考えれば素敵なことよね。

前にも「裏を返せば」という思考法を何度か教えてもらいましたが、この場面でもそれを使うんですね。

そうね。どうしても、裏を返せなくても、単純に「それだけ大泣きできるエネルギーは、お母さんにはないし、あなたの素敵なところだよ」でもいいと思うわ。

確かにそうですね。共感はどうしたらいいですか。

「もし、私があなただったら、同じように……」という言葉を使うといいわ。「もし、私があなただったら、同じように激怒していたと思う」「もし、私があなただったら、同じように、すべてが嫌になって動く気もしないと思う」みたいにね。

同じ立場に立って、考えていることを伝えるんですね。

そうよ、この受容と共感があれば、子どもちゃんは比較的早く心の安定を取り戻すわ。

受容と共感がすべて。肝に銘じます！　いちばんいいのは、いつも穏やかにいてくれることなんですけどね。落ち着いているときに、少しずつ感情力について伝えていきます。

お子ちゃんの心を安定させる、魔法の言葉もあるわ。

魔法の言葉？

それは、**「あなたがいて、しあわせだよ」**ね。

……最近、子どもたちに言ってなかった気がします。そうですよね。

子どもたちが大きくなると、なかなか言えなくなるわよ。いまのうちに思う存分に言っておくといいわ。鈴ちゃん自身も**大好きな人がそばにいることを実感できて、自己肯定感が上がる**はずよ。

この、当たり前だけど、忘れがちになってしまう思いもきちんと言葉に出していきたいと思います。ふぅ、あと、1回で感情力もおしまいですね。

そうね、ここまで付き合ってくれて、ありがとう！

お礼を言わなければいけないのは、私のほうです。寅ちゃんが生き返ったあとも、相撲部屋に行っていいですか?

それは別にいいけど、私が生き返ったら、鈴ちゃんは私のことを忘れる設定になっていたと思うの。

ええええ!

寅ちゃんの声かけ

感情力 18

「大泣きできるのって、素敵なことだと思うよ」

……本人も、悪いとわかっている、一見マイナスだと思える行動も、受け止め……

る。ネガティブな状況でも味方になってくれる存在は子どもの自己肯定感を上げてくれるわ。

寅ちゃんの声かけ
感情力
19

「もし私があなただったら、やっぱり激怒していたよ」

実際にそうするかというより、気持ちとしては強く共感できることを伝えたいわね。同じ立場で考えてくれる存在は心強いから。

寅ちゃんの声かけ
感情力 20

「きみがいて、とてもしあわせだよ」

「大好き」「大切だよ」と同じで、子どもちゃんの心を強く守る言葉。同時に、あなた自身を強くする言葉でもあるわ。

感情のバランスと、思考はつながっている

レッスン 24

「3つの時間で、当たり前の日常も輝くわ」

――しあわせに生きるには

ちょっと待ってください！　それ、どういうことですか？

神様的な人がそんなことを言っていたのよ。でも、安心して。鈴ちゃんに教えた自己肯定感の養いかたを忘れることはないわ。

いや、そういう問題じゃないですよ！　ここまでお世話になっているのに何もお返しできていないし……それに寅ちゃんのことを忘れてしまうなんて嫌です。

そうね。私もなかなか言い出せなくて。こんな大切なことを、なんとなく言っ

ちゃったことも誠実じゃなかったわ。ごめんなさい。

いや、寅ちゃんが謝ることじゃないんですけど……寂しいです。

私も寂しいわ……。前に、「寂しさは大切な物を得た証拠」って、言ったけど、現実はそんなに簡単に割り切れるものじゃないわね。それにこの寂しささえ、記憶から消えてしまうのなら、私、神様を恨んでしまいそうよ。

本当に寂しいです。この気持ちが消えてしまうことも。……でも、寅ちゃんに教わった自己肯定感が心に残るってことは、私はこれからも寅ちゃんと生きているとも言えるんでしたよね。

……本当によく学んでくれて、ありがとね。そうね、そう考えることができるわ。

寅ちゃんのなかに私が残らないのは残念だけど。

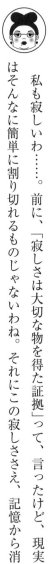

親は子に様々な愛情を与えるけど、親も子から多くの物をもらっているわよね。私は鈴ちゃんに自己肯定感について話してきたけど、それと同時に鈴ちゃんから、多くの楽しい思い出や学びをもらったわ。もちろん、私のなかにも鈴ちゃんは残るわ。ねえ、鈴ちゃん、**この世は、誰もが愛し愛されている**のよ。

涙が出ます。……でも、誰もが、愛し愛されているって、どういうことですか？　私と全然合わない例の上司も？　おえええええええ。

涙からのえづき！　鈴ちゃんと子どももちゃんたちは、愛し愛されているわよね。でも、鈴ちゃんと上司も、実は愛し愛されている。**マイナスの感情であっても、互いに影響を与え合っている以上、何かしらプラスの影響も生まれている**の。あいつに認められるように頑張ろう、とかね。程度の差こそあれ、誰もが影響を与え合い、愛し愛されている。そう考えたほうがしあわせだと思わない？

これは、前に聴いた「無敵」の考えよりも、さらに深い気がします。

いまなら理解してくれるわね。さあ、今日はいよいよ最後のお話ね。

最後なんですね。……わかりました、私のなかに寅ちゃんが残るように、寅ちゃんのなかに私が残るように、しっかりと考えていきます。

最後は、「しあわせの感じかた」のレッスンよ。

本当に集大成といった感じですね。しあわせはどうしたら感じられるんですか。

「熱中時間」「怠惰時間」「感謝時間」の3つをバランス良く増やしていくことよ。1つひとつ説明していくわ。

まず、熱中時間。「いま、ここ、私」とも言われるけど、**いまこの瞬間に自分から主体的に没入できる時間**を多くしていくということよ。

夢中になっている時間ということですね。

そうね、遊びや好きなことだとそんな時間になりやすいかもしれないわね。

仕事が適度に忙しくて、集中しているときも、そんな没入感はありますね。

そうね、自分がある程度コントロールできる状態で、自分の普段のキャパよりも少しだけ多く負荷をかけるとそんな状態になることもあるみたいね。ゾーンと呼ばれる状態ね。仕事も子育ても、徹底的に没入してしまえば、当初は乗り気でなくても熱中状態をつくれるかもしれないわ。

そんなときは、時間が短く感じますよね。

そうね。だから、まず熱中時間の種を探すには、**時間が短く感じた経験を思い起こ**

すといいわね。

私は、やっぱり小学校時代の夏休みですね。朝から遊んでいたら、あっという間に夕方になっていて、気づいたら一日が終わっているような。

「人生は100年の夏休み」という言葉があるけど、そんな感じで100年生きられたらしあわせよね。

そうですよね。でも、不思議。子どもの頃の夏休みだってそれなりに嫌なことがあったり、大変だったりしたはずなんですけど。

その**困難も含めてエンターテイメント**だったからじゃないかしら。楽しいことばかりの人生じゃ、楽しいと感じることができなくなっちゃう。スパイスも必要だということよ。鈴ちゃん、もし、**いま何かつらいことがあるのなら、時間軸をずらす**といいわ。「10年後から見たら、小学生の夏休みの悩みのように、笑いごとなんだろうな」

とか「過去の自分はこんなこと悩めなかった、成長したな」とかね。

そうか、子どもの頃の夏休みを眺めるみたいに現在を捉えたり、前の自分と比べたりすれば、困難も少しのスパイスとしてやり過ごせるかもしれないです。

そうね。そして、人間には2つ目の怠惰時間も必要なの。文字通り、ダラダラしている時間よ。ボーッとしていたり、テレビやYouTubeを見たり、ゴロゴロしたり。

え、そんな時間が必要なんですか？　いや、むしろ、私は大好きなので、必要だと言ってほしいですが！

必要よ。だって、娯楽ってそんなものだし、娯楽はしあわせなことが多いでしょ。熱中時間ばかりだと、燃え尽き症候群になる人がいるわ。この怠惰時間を上手に取ることができれば、それを回避できる。**怠惰時間があることで、疲れや思考を良い意味**

でリセットできるわ。それに**ダラダラ休んでいるだけに見えても、脳は働いている**の。脳は熱中時間に取り組んだことをまとめたり整理したりすることがあるわ。このような整理は寝ているときや、ぼんやりしているときに行われると言われているの。

　まさかダラダラにそんな効用があったなんて！　でも、怠惰時間はどれくらい増やせばバランスがいいんでしょうか。ずっとＹｏｕＴｕｂｅを見続ける私や子どもたちの様子が想像できてしまい……。

　ネット動画やゲームは依存しやすいように考えられているから、きちんと時間やルールを決める必要があるわ。「15分経ったらやめて、スマホは別の部屋で充電しておく」とかね。そうでないと、怠惰時間だけが増えてしまって、バランスが悪くなってしまうわ。他にも、そうしていることに罪悪感があったり、何かに熱中したくなったりしたら、怠惰時間をやめるほうがいいわ。ただ、**子どものしあわせにもそんな怠惰な時間が必要だということは覚えておきたい**わね。子どもちゃんが娯楽を享受しているからといって、いつも神経質に注意するのは違うわ。

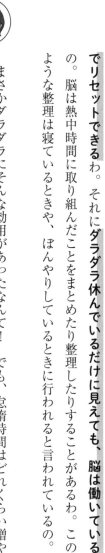

うう、そうですよね。どうしても子どもたちがテレビを見ていると、何か言いたくなってしまうときがあります。でも少し大らかに構えようと思います。

それがいいわね。さあ、最後は感謝時間ね。

それは、誰かに感謝するんですか？

誰かというよりは、**この世のすべてに**ね。

この世のすべて？　宗教的なアレですか？

宗教は関係ないわ。たとえば、鈴ちゃんのいまこの状況ってどうかしら。

え、いまこの状況ですか？　……普通ですけど。

そうね、確かに普通とも言えるかもしれないわね。でも、鈴ちゃんはいま、こうして健康で、お子ちゃんも旦那さんも元気で暮らしている。それって、普通なのかしら。

……そう言われてみれば、この状況はもしかしたら、ありがたいことなのかもしれないです。普通のこの日常を、普通と言えること自体が恵まれているのかも。……あと、寅ちゃんと話せているのは、全然普通じゃないのに普通になっていて、すごく感謝すべきことなんだと思いました。

そう言ってくれて、ありがとう。そうやって、**いまの状況を当たり前と思わずに、感謝することが増えるとしあわせを感じやすくなる**わ。これは、そう意識して練習をすることが大切ね。よく考えれば、この世の中のすべてに感謝することができるの。まあでもそれは大変だし、きりがないから、**寝る前に2つくらい今日感謝したことを考える**だけでもいいわ。幸福度は爆上がりよ。……さて、私の話はこんなところね。

え、もしかしてこれで終わりですか！？

うん、細かいことを言えばそれこそ無数にあるけど。あとは、実践をくり返して、自分の形にしていくことね。鈴ちゃん、ちょっと、私の写メ撮ってみて。

あっ、はい……カシャッと。寅ちゃん、全身写ってますよ！　……って、いうことは!?

うん、生き返ったわ。

えええええええ、なんか思ってたのとかなり違う!!　それに私、寅ちゃんのこと忘れてませんよ。

確かに話と違うわね。まあ神様的な人、ちょっといい加減そうだったからね。やっ

たわ、普通に色んなものに触れるわ。ちょっと外に出て、他の人にも私が見えるか確認してみるわ。

そうですね、外に出て確認しましょう！

こんにちはー、世界の皆さん、私が見えますか!!

あっ、たくさん人が集まってきた！　寅ちゃん、さすが往年の横綱！　すごい人気です！　でも、そうすると意識不明の状態だった寅ちゃんの体はいまごろどうなっているんだろう……でも……まあ、良かった、みんなにも寅ちゃんのことが見えているみたいですね。生き返った感は皆無だけど、というより、そもそも生きていたわけですけど、本当に生き返ったみたいで良かったです！

これで、このお話も、めでたしめでたしね。……ん？　あのトラック、なんか走りかたが変じゃない？

え？　トラック？

鈴ちゃん、危ないっ!!!!

寅ちゃんの声かけ
感情力
21

「今日、あっと言う間だったことを教えて」

お子ちゃんは、どんなことをしているときにしあわせを感じるのかしら。
この声かけで、夢中になれることをたくさん見つけていきましょう。

寅ちゃんの声かけ
感情力 22

「動画を見るときは思い切り楽しめばいいよ。でもルールは決めようね」

ダラダラしている時間も人生には必要。それもしあわせの1つよ。でも、そればっかりになってもつまらないから、ルールもしっかり話し合ってね。

寅ちゃんの声かけ
感情力 23

「今日一日のなかにいくつしあわせを見つけた？」

普通の日常に感謝できるようになったら、もうしあわせの上級者。普通の日々が普通であることは、とても尊いことなのかもしれないわね。

普通の日々に感謝する

レッスン 25

「白黒つけないのは、考えるということよ」

——誠実に生きていくには

「救急です！　搬送は2名！　トラックとの接触事故です！　小柄な女性は、転倒により負傷。意識を失っています。大柄な元力士が覆い被さったことで保護された模様。大柄の元力士のほうは……」

……ん。……ここはどこ？　なんか周りが白く光っていて、広い……。

ここは、鈴ちゃんの心のなかよ。

あっ、寅ちゃん！　あれっ、私、トラックに轢かれそうになって……。寅ちゃんが庇ってくれようとして「ドッシーン」って大きな音がして……。

そうね。鈴ちゃんが、無事で嬉しいわ。

寅ちゃんも無事だったんですね！　……でも、それなら、なんで、こんな場所に来たんでしょう。心のなかじゃなくて、実際に話せばいいのに。

……まあ、そこはいいじゃないの。最後に自己肯定感について、鈴ちゃんに話をしにきたのよ。

最後？　え、どうして？

やっぱり、神様的な人との約束は本当だったのね。でも、まだちゃんと伝えていないことがあったから猶予をもらえたような感じだわ。私の記憶から鈴ちゃんが、鈴

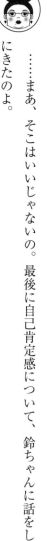

ちゃんの記憶から私が、表面的にはなくなってしまう前に、話をさせて。のんびりしていると、時間がなくなってしまうわ。

え、寅ちゃん……。

いままで、自己肯定感についての話を聴いてくれて、ありがとう。最後のまとめとして**自己肯定感を持つためにいちばん大切なことを1つ**伝えたいの。

……え？　最後のまとめ？

そう。これは自己肯定感を高めるために、いつも「ゴール」として心に留めておいてほしいことよ。自己肯定感を持つために大切なこと。それは、**何に対しても白黒つけないこと！**

白黒とは、「これは正解」「これは間違い」というふうにしないということですか？

そうね、この考えはいままでも話してきたことだけど、最後にしっかり強調しておきたいわ。

何かに偏らないようにすることが大切、という話は何度か出てきていましたね。やはり、ここをゴールと捉えて向かうことで自分の軸に立ったうえで他者に寛容になれる。自己肯定感を確かなものにできるんですね。

そうなの！　いままで伝えてきたものを、より実践的にするためにも大切だから、こうやって伝えているわ。物ごとにすぐに白黒をつけてしまうと、少し嫌なことがあったら「最悪」と決めてしまうわ。少し良いことがあれば「最高」と思うことは良いような気がするけれど、いつか「何か違う」と気づいたときに、自分に自信が持てなくなるよね。

うん、わかります。

それに、考えが極端になると、すぐに何かを完全に切り捨ててしまうことがあるわ。心のなかで何かを完全に切り捨てると、それを最初に見ているのは自分だから、自己肯定感を大きく落としてしまうわ。

白黒って、どんなときにつけたくなっちゃうのでしょうか？

1つのことで意見が合わなかっただけなのに「もうあいつとは話さない」と決めてしまったり、1つの小さな失敗で落ち込んでしまったりするようなときね。

思っていたより**日常的に、白黒つけてしまう機会はある**んですね。私もよく偏ってしまっている気がします……。どうしたらいいんでしょう。

「できる、できない」「正解、不正解」「好き、嫌い」などの言葉でまとめず、丁寧に1つひとつの物ごとを切り分けて考えていくことね。

それでも、知らず知らずのうちに偏っている気がします。どこが真ん中かなんてなかなか正確に判断できるとは思えないです。

うん、そうね。でも、真ん中に正解を求めなくてもいいし、**何かの結論を出したときに「いま、私、偏ってないかな」と少しだけ考える**だけでもいいわ。「偏っているかも」と思ったら、いままで話してきた自己肯定感の考えかたや声かけを見直してみるといいわね。

それならできそうだし、いままで学んできたことがあると、安心できますね。

良かったわね。じゃあ、これで本当に話はおしまいよ。

本当に、おしまいなんですね。

うん。でもきっと、またどこかで会えるわ。

……信じています。私も子どもたちも、寅ちゃんから教わった自己肯定感を、自分のものにできるように頑張ります。

そのたびに、私は鈴ちゃんの心のなかで、背中を押すわ。

ありがとうございます。本当にありがとうございました。

こちらこそ、ありがとう。楽しかったわ。じゃあ、本当に行くわ。またね。

＊＊＊

あれ、ええっと、ここは……。ああそうか。私、事故に遭ったのよね。身体は……全然大丈夫そう！　良かった‼　ん？　そういえば、誰かが助けてくれて……。あ

の、すみません、看護師さん。私を助けてくれた方はどうされていますか？

あっ、目覚められたんですね！　良かったです！　あっ、もう1人の方ですね。言いづらいんですが……お知り合いでしたか？

いいえ、まったく知らない方だったと思います。言いづらいと言いますと……。

ええと、あの……。実はその方は……外傷はなく、先ほど帰られました！　元横綱らしく、トラックに向かって「逆立ち投げ」とかいう奇妙な技を使って進路を逸らしたとか。私もとても信じられないので、言いづらかったのですが、それが事実のようです。

「逆立ち投げ」って、それ、もしかして寅ノ茶羽⁉　私、大ファンなんです‼　会いたかったです。

もう帰ってしまわれました。寅ノ茶羽さんも意識不明だったのですが、ご本人は「なんでここにいるのかわからないけど、なんだかとても満たされた気持ちね。とにかく早く帰らなくちゃ」とおっしゃっていました。この辺りも本当に信じがたいんですけど。

そうだったんですね。……でも、私は少しだけ、信じられるような気がします。

そうですか。あっ、その人がこれを置いていかれました。「元気が出るように」って。

寅ノ茶羽さんのお弟子さんの寅の富士の手形とサイン！　嬉しい！

良かったですね。ところで、お加減はいかがですか？

生まれ変わったみたいに、爽やかな気持ちです。

「ニュースです。元横綱・寅ノ茶羽さんの意識が回復しました。また、意識が回復した寅ノ茶羽さんは、同日、大事故を防ぐ功績があったとして、警察署長から感謝状が贈られています。インタビューをお聴きください！」

「とても長い夢を見ていた気分ね。でも、良い夢だった気がするわ。見ての通り、私は元気！　そこのあなたも元気かしら？　まだ自分に自信が持てないのなら、いつでも私はここで待っているわよ！　一緒に歩いていきましょう！」

まとめ

「簡単に白黒つけないで考えよう」

白黒つけるのは、きちんと考えるのをやめるということ。物ごとを丁寧に考えていきましょう。考える人は強い。きっと、しあわせが待っているわ！

自己肯定感
チェックテスト
解決策例

達成力	①1つのことに集中することができますか？ →テレビを観ながら食事するなどのマルチタスクをやめる。
	②物ごとの頑張りどころを知っていますか？ →物事のはじめは、根性で頑張る。
	③物ごとを先延ばしにしないでやることができますか？ →20秒以内に取り組めるように環境を整える。
	④スマホなどに依存せず、すぐにやめることができますか？ →アクセスに20秒以上かかるようにしておく。
	⑤たくさんのことをこなす方法を知っていますか？ →すべて書き出し、一つひとつの作業を小分けにする。
	⑥失敗を恐れず挑戦できますか？ →「成功しなくても成長は100%保証されている」と考える。
	⑦緊張を乗り越えることができますか？ →緊張を見つめ、緊張していてもできることを考える。
	⑧悩んでいることを落ち着いて解決できますか？ →「親友がこのことで悩んでいたら……」と考えてみる。

仲間力	⑨ いじめられないようにする方法を知っていますか？
	→ 刺し違える覚悟を持つ。
	⑩ 人の嫌な行動を受け流すことはできますか？
	→ 無敵と考える。テレビの中の人だと思う。
	⑪ あなたの第一印象はいいですか？
	→「道を尋ねられる人」を目指す。
	⑫ 突然知り合いに会っても、話題に困らず話せますか？
	→「挨拶＋１」をして、相手に気持ちよく話してもらう。
	⑬ 苦手な人とも、うまく付き合うことができますか？
	→ 挨拶だけは、相手のために誠実にする。
	⑭ 家族を大切にしていますか？
	→「育ててくれてありがとう」「大好きだよ」と伝える。
	⑮ 別れの悲しさを乗り越える方法を知っていますか？
	→「悲しければ悲しいほど、大切なものが心にある」と考える。
	⑯ 人気者になる方法を知っていますか？
	→ 目立ち、誰かを元気にする。

感情力	⑰ 考えても仕方ないことで悩まない方法を知っていますか？
	→ 忙しくする。
	⑱ 絶望しない方法を知っていますか？
	→ 選択肢を１にならないように行動する。
	⑲ 落ち込んだときに、すぐに立ち直ることはできますか？
	→ うまくいかなかった時のことをあらかじめ想定しておく。
	⑳ 怒りをコントロールすることはできますか？
	→ 怒る本当の目的と向き合う。
	㉑ つらいときの乗り越えかたを知っていますか？
	→ 必死ではなく、必殺を心がける。
	㉒ 身体を動かしていますか？
	→ 運動ができなくても、まずその場から動くだけでもいい。
	㉓ よく眠れていますか？
	→ 入浴に関わる行動に気をつけるなど自分にあった方法を試す。
	㉔ 誰かの気持ちを落ち着かせることはできますか？
	→ 受容と共感を大切にし、無理に説得などをしない。
	㉕ しあわせを感じていますか？
	→「熱中時間」「怠惰時間」「感謝時間」をバランスよく増やす。

おわりに

自己肯定感は、これからの時代をしあわせに生きていくための、唯一にして最強の武器です。時代はいま、成長社会から成熟社会へと変化したからです。

成熟社会である現代は、「明日、食べる物がない」「住むところがない」という生存をめぐる心配が少なくなった一方で、「しあわせの形は、人の数だけある」「食べ物があっても、住む場所があっても、しあわせとは限らない」という時代です。いままでの成長社会では、「学歴があり、一流企業に勤める」ことができれば、人生、上がり。それなりのしあわせを感じやすいという面がありました。しかし、いまは、**自分が自分であることを誇れるような生きかたをしていなくては満足できない時代になった**のです。

そうするともちろん、いまの時代を生きるのは難しい面もあります。しかし、決まりきった枠に縛られず、誰もがその人なりのしあわせを得られる可能性が高くなった。そう考えることができれば、いまの子どもたちはいい時代に生まれてきたとも言えます。**自己肯定感さえ身についていれば、自由に好きな生きかたを選んでも、しあわせになれる**からです。ぜひ、親子で自分だけのしあわせをつかみにいってください。本書の主人公「寅ちゃん」も、こう言っています。

「まず行動することよ」

さっそく声かけからはじめてみてください。この本を手に取って下さったあなたが、昨日よりほんの少し、自分を好きになれることを願っています。

2021年11月　熱海康太

参考文献・ウェブ

- エイカー、ショーン［著］『幸福優位7つの法則　仕事も人生も充実させるハーバード式最新成功理論』高橋由紀子［訳］（徳間書店、2011年）
- 樺沢紫苑［著］『精神科医が教える　ストレスフリー超大全』（ダイヤモンド社、2020年）
- カーネギー、D［著］『人を動かす【新装版】』（山口博［訳］、創元社、1999年）
- 岸見一郎・古賀史健［著］『嫌われる勇気　自己啓発の源流「アドラー」の教え』（ダイヤモンド社、2013年）
- 草薙龍瞬［著］『反応しない練習　あらゆる悩みが消えていくブッダの超・合理的な「考え方」』（KADOKAWA、2015年）
- 経済協力開発機構（OECD）［編著］『社会情動的スキル　学びに向かう力』ベネッセ教育総合研究所［企画制作］、無藤隆・秋田喜代美［監訳］、荒牧美佐子・都村聞人・木村治生・高岡純子・真田美恵子・持田聖子［訳］（明石書店、2018年）
- 千田琢哉［著］『あの人と一緒にいられる時間はもうそんなに長くない』（あさ出版、2013年）
- 塚本亮［著］『「すぐやる人」と「やれない人」の習慣』（明日香出版社、2017年）
- ハ・ワン［著］『あやうく一生懸命いきるところだった』岡崎暢子［訳］（ダイヤモンド社、2020年）
- ハンセン、アンダース［著］『一流の頭脳』（御舩由美子［訳］、サンマーク出版、2018年）
- 深沢真太郎［著］『そもそも「論理的に考える」ってどうすればできるの？ コミュニケーション能力が格段に上がる本！』（三笠書房、2021年）
- 星渉・前野隆司［著］『99.9%は幸せの素人』（KADOKAWA、2020年）
- マクゴニガル、ケリー［著］『スタンフォードのストレスを力に変える教科書』神崎朗子［訳］（大和書房、2019年）
- YouTubeチャンネル「宋世羅の羅針盤ちゃんねる」
- YouTubeチャンネル「フェルミ漫画大学」

熱海康太（あつみ・こうた）

小学校教諭／教育者　神奈川県出身。著書に『駆け出し教師のための鬼速成長メソッド』（明治図書出版）、『6つの声を意識した声かけ50』（東洋館出版）、『学級経営と授業で大切なことは、ふくろうのぬいぐるみが教えてくれた』（黎明書房）などがある。教育以外にも、Fリーグ（日本フットサルリーグ）に所属する「フウガドールすみだ」にて小説を連載するなど、パラレルキャリアを形成している。

「明るさ」「おだやかさ」「自立心」が育つ
自己肯定感が高まる声かけ

2021年12月10日　初版発行

著　者　熱海康太
発行者　菅沼博道
発行所　株式会社 CCCメディアハウス
〒141-8205　東京都品川区上大崎3丁目1番1号
電話 販売 03-5436-5721　編集 03-5436-5735
http://books.cccmh.co.jp

ブックデザイン　山之口正和＋沢田幸平（OKIKATA）
装画・本文イラスト　タナカ＊アイコ
校正　株式会社円水社
印刷・製本　豊国印刷株式会社

ISBN978-4-484-21227-2